約翰‧羅彬斯
食物革命最新報告

No Happy Cows

Dispatches from the Frontlines of the
Food Revolution

John Robbins 著　李明芝 譯

迴響與讚揚

約翰‧羅彬斯開啟了一場革命,一場痛苦卻簡單的革命。他以出色的研究和令人讚嘆的洞察,早在任何人之前就先看到食品工業的問題,使得美國人開始注意到自己的餐盤裡應該來個什麼樣的重大變化。這本書不只是清楚說明了食物對身體、環境和心靈的影響,也足以啟發我們做出關鍵的重大改變。

—— 凱西‧佛斯頓(Kathy Freston),
《紐約時報》暢銷書 *Quantum Wellness*、*Veganist* 作者

約翰‧羅彬斯以獨一無二的才能,藉由這本《約翰‧羅彬斯食物革命最新報告》告訴我們不可不知的事實真相,而且用我們願意聆聽的方法來加以說明。本書內容不但充滿知識性,在你閱讀之後,更會發現它的重要性。

—— 維多莉亞‧莫蘭(Victoria Moran),著有 *Main Street Vegan*

在這本包羅萬象、容易閱讀的書中，約翰·羅彬斯平息了這個時代關於食物的眾多激烈爭辯與迫切議題。羅彬斯以自身優雅、悲憫和智慧的特質，揭開了困擾著消費者的許多迷思，促使消費者能為自己和整個地球的福利起身對抗。這是本人人必讀的書，只要你關心自己的幸福安康以及地球的美好未來，那就一定要讀。

—— 梅蘭妮·喬艾（Melanie Joy），博士、教育博士，著有
Why We Love Dogs, Eat Pigs, and Wear Cows: An Introduction to Carnism

每隔一段時間，我就會遇到一本如基石般重要的書，一本能豐富我們生活各個面向的重點佳作。這種書並不常見，但是一旦出現，就會讓我欣喜若狂。約翰的新書就是一本這樣的書，因此我在自己的工作和書中都大力推薦此書。如果你想提升飲食、減輕體重、改善健康，並且在身體、心理、情緒和精神等生命各個層面都能有所增進，本書是一本天賜之作，每一頁都寫滿關於該思考的食物內容。我建議你多買幾本，當作禮物送人。

—— 蘇珊·史密斯·瓊斯（Susan Smith Jones）博士，
著有 *The Joy Factor*、*Walking on Air*

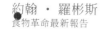

約翰·羅彬斯
食物革命最新報告

約翰‧羅彬斯的言論是美國今日最重要的見解之一，他也是我所認識的人之中最明智有力的一個。他突破了沒人能突破的荒謬言論。他傳遞了沒人能傳遞的重大訊息。他帶來了沒人能帶來的希望期盼。他的話語，是我們身、心、靈和心智的救生索。當現況變得艱難時，人們就需要羅彬斯的智慧來看透一切。

—— 瑪麗安娜‧威廉森（Marianne Williamson），
著有 *A Return to Love*、*A Woman's Worth*

約翰‧羅彬斯在全球振興人道與食物、地球和健康的適當關係方面，具有領導的地位。

—— 保羅‧霍肯（Paul Hawken），著有 *Natural Capitalism*

他帶領我以培育心靈覺知的方式飲食，對我而言，他是個預言家。約翰‧羅彬斯像是在隧道的盡頭點亮一盞燈，同時也帶來了道德與悲憫。現今的世界，真相沒有太多的夥伴。我對約翰‧羅彬斯有著深切而不變的尊敬。

—— 伍迪‧哈里遜（Woody Harrelson），演員、社會運動者

約翰‧羅彬斯將不同的點相互串連：環境、個人健康、社會經濟，以及個人意義。閱讀羅彬斯的文章，也能讓科學研究更進一步。

——T‧柯林‧坎貝爾（T. Colin Campbell），
著有 *The China Study*、康乃爾大學榮譽教授

約翰‧羅彬斯使我們能找到方法，穿過食物選擇和食物工業的迷宮。他無懈可擊的研究和極富遠見的展望，對於希望做出聰明食物選擇的我們，絕對是一份最棒的禮物。

——安‧摩提菲（Ann Mortifee），聲樂家、作曲家

three

● 工業食品，以及其他的骯髒交易

four

● 在這混亂的世界如何與人相處

導言

感覺上，似乎有場戰爭在發生。誰會想到蜜雪兒‧歐巴馬（Michelle Obama）剛當上第一夫人不久、在白宮草地上種植有機花園時，會做出任何唐突冒犯的事呢？這一切看似無害，很像是前第一夫人詹森總統夫人（Bird Johnson）以種植野花來美化城市及高速公路的活動，或是萊拉‧布希（Laura Bush）推動的兒童讀寫能力。

但一個代表孟山都（Monsanto）及其他殺蟲劑和基因改造生物（GMO）食物製造商的貿易協會 —— 美國植物保護協會（CropLife America），卻為此感到相當憤怒。他們氣憤的寫了一封信給第一夫人，明白表示他們認為她的有機花園不當傷害化學農業。他們要求她使用「農作物保護技術」，也就是所謂的殺蟲劑。

從他們憤怒的程度來看，或許你會認為歐巴馬政府一如既往，想發展重大計畫來挑戰農企業。然而，這與實際情況相去

甚遠。事實上，總統已經指派強烈認同工業化農業的湯姆・維爾薩克（Tom Vilsack）來帶領農業部。維爾薩克在擔任愛荷華州長時，就堅決支持農業化學、大型工業農場以及基因改造食物，他還曾受頒孟山都年度州長獎。

說得更清楚一點，歐巴馬其實好像並不打算對抗農業化學和工廠化農場的企業集團，他甚至指派一個在美國史上主要負責基因改造食物發展的人 —— 邁可・泰勒（Michael R. Taylor），擔任食品藥物管理局（FDA）專員的資深顧問。好像這還不夠似的，歐巴馬接著讓泰勒晉升到更有權力的位置，任命他為食品副局長。

同樣就是這個泰勒，讓孟山都的基因改造生物食品得到美國許可，甚至不需要適當測試這些食品對健康可能產生的危害。泰勒是在農企業和政府之間的典型「旋轉門」例子，他一開始擔任的是孟山都的律師，然後變成FDA的政策領袖，接著又成為孟山都的副總裁和首席說客，最後被歐巴馬任命為美國的食品安全獨裁者。

然而，成員包括孟山都、先正達公司（Syngenta）、杜邦（DuPont）以及陶氏化學（Dow）的美國植物保護協會仍不滿

足。像是政治上的討好圖利般，總統隨後任命美國植物保護協會的副會長伊斯藍‧西迪格（Islam A. Siddiqui）為國家的首席農業談判代表（Chief Agricultural Negotiator）。西迪格跟有機食物運動英雄絕對是八竿子打不著，他也從不認為自己的任務在於保護未來的世代和地球的生物承載力。當他放鬆國家有機計畫（National Organic Program）的有機食物標示標準時，就是奸巧地讓輻射食物和基因改造食物能通過有機標示。

　　說實話，這件事讓我相當憤怒。看著我們國家的食物政策被工業食品以及像孟山都這類的農化公司所誘騙掌控，真的令人深感遺憾難過。我們已經知道食物鏈和環境裡的殺蟲劑會致癌，還會造成先天畸形、自閉症以及其他許多疾病。然而基因改造食物對健康會造成什麼影響，我們卻還不完全清楚，因為從來沒有對此進行足夠的檢測，但其中存在的情況絕對更嚇人。以工業速食為主的飲食習慣，會嚴重導致心臟病、肥胖、糖尿病和癌症的發病率提高。工業化工廠則會大規模造成全球暖化、森林砍伐，以及物種消失。

　　如果我們想替代一般農企業並讓在地食物系統提高一定的水準，以此作為重建農村經濟與更接近健康食物的方法，這會

是種恐怖的想法嗎？如果我們支持家庭農場超過工廠化農場，這樣會很可怕嗎？

　　工廠化農場，又稱為「監禁式動物飼養」（CAFO），現在幾乎成了全國的牛、豬、雞、蛋和乳製品的供給方；但它們並不是透過合理的計畫、有規模的效率，或市場力量來達到這樣的卓越成就。工廠式肉品工業已經支配了市場，結果是聯邦農場政策將環境、健康和經濟成本的上億經費，轉嫁到社區和納稅人身上。舉例來說，納稅津貼的穀物價格，讓飼育場每年在動物飼料上省下數億元，但餵牛吃草的營運方式，完全沒有從這項補助金裡得到任何好處。美國農業部（USDA）同樣提供數億金額來解決工廠式農場的污染問題，然而，只要不將成千上萬的動物關在一個小小空間裡，這些問題根本就不會存在。這種做法不但造成身處其中的動物感到巨大的痛苦，也帶來了大量的污染，以及對人類健康的危害。

　　如果我們的食品和農業政策試圖有益於環境、公共健康和農村社區，而不是為了服務工業化的農企業，那又會怎麼樣呢？如果我們讓工廠式農場本身、而非納稅人付錢來預防或清潔他們製造的污染，會發生什麼事呢？如果我們補助健康食物

而非不健康的食物，又會如何呢？

　　現今政策的健康後果，目前絕對有案可查。我們顯然已成為世界上最肥胖的主要國家，而且顯然一年比一年還胖。1996年，美國已經是世界上肥胖率最高的國家，但是當時還沒有任何一州的肥胖率高於20%。到了2011年，卻是沒有任何一州的肥胖率低於20%。

　　美國現在花在健康照護上的費用比任何一個國家都多，而且遙遙領先其他國家。平均每個人的花費將近是第二名以後國家（德國、加拿大、丹麥、法國）的2倍。

　　一般美國家庭每年支付的健康保險費用，現已超過全職最低薪資的年收入總額。每30秒，美國就有一個人因為處理健康問題而宣告破產。

　　目前美國健康照護的花費已經嚴重失控，這不只是發生在個人和家庭，連國家的整體經濟也逐漸被拖垮。星巴克的創辦人霍華・舒茨（Howard Schultz）說，他的企業花在員工保險的費用比買咖啡還多。

　　而且，情況完全沒有改善。一項2011年的報告顯示，美國典型4人家庭的健康照護費用，不到9年就變成2倍。

約翰・羅彬斯
食物革命最新報告

你是否曾注意過，所有關於健康照護改革的熱烈討論中，有項基本事實卻很少被討論，然而這件事卻能顯著減少健康照護的成本，同時還能增進我們的健康。研究顯示，多數人想改善健康所能採取的最有效單一步驟，就是健康飲食。疾病管制局（Centers for Disease Control and Prevention，CDC）估計，75%的美國健康照護花費用在治療慢性病，其中多數疾病跟飲食有關而且可以預防。這些慢性病包括心臟病、中風、第二型糖尿病，以及接近3成的癌症。

然而或許你會問，這難道不是個人責任的問題嗎？一個人吃些什麼，難道不是他自己的選擇嗎？沒錯，而且這非常重要。我們每個人都必須對所選擇購買、吃下肚的食物負責。政府無權命令人們該吃些什麼。不過，這只是故事的一半。除此之外，我們也需要限制企業對政府政策的影響權力，因為他們太常利用這樣的權力來使自己的短期利益達到最高，藉此減少或排除保護工人、動物、環境和消費者的規章。同樣應該要注意的是，這些企業總是在抱怨政府干預他們的活動，但卻對受惠於補助金和納稅人的錢這件事，很少表現出不滿。

今日的美國人花費在食物上的金額，占總收入的百分比是

全世界最低，而且花在準備食物的時間也少很多。我們把這些當作一種成就和福氣。但感謝誤導我們的農場帳單，讓我們沒有廣泛意識到，大多是不健康的食物（例如，農養肉、含糖飲料以及添加糖精和脂肪的加工食品）才會比較便宜。新鮮水果和蔬菜的價格一年比一年高，然而最不健康的食物產品則容易取得且價格低廉，因為這些東西就是我們的食物政策所補助的對象。

我們要問的是表面看來便宜的速食，真正的成本究竟是什麼。製造這些食物的農業系統正在摧毀農村社區、污染我們的水源、腐蝕我們的表土、對動物造成巨大的痛苦、以驚人的速度發散出溫室氣體，並且帶給我們毒害等級的營養失控壓力。疾管局估計，現今出生在美國的3個兒童之中，就有1個會因為飲食而罹患糖尿病。沒錯，我們正在為看似便宜的食物付出慘痛的代價。

速食企業、其他工業食品和工廠化農產經營的擁護者認為，他們只是在回應人們的需求。他們說，他們的產品會充滿糖分和不健康的脂肪，全都是因為消費者的要求。他們的辯解是，他們並沒有在扮演改變人們天性好惡的角色。

然而事實上，工業食物機構組織與其在政府裡的同盟夥伴，多年來一直藉由製造、包裝、販賣和行銷食品的方法，努力重塑人們對食物的渴望。像可口可樂、百事公司、卡夫食品（Kraft Food）和麥當勞等企業，每年花費上億美元向兒童推銷垃圾食物，他們不懷好意的對抗健康愛好者的每一分努力，將一切令人無法忍受的事物，自以為是的對準了兒童，利用廣告大力行銷速食、含糖穀片、汽水、熱狗、糖果，以及其他沒有營養的產品。

　　2011年，加州議員比爾‧蒙尼（Bill Monning）提議立法對添加大量糖精的飲料（像是汽水和運動飲料），徵收每盎司1分錢的消費稅。這項議案若能通過，每年將可以增加17億美金的稅收，這些錢可以用來降低新鮮蔬菜和水果的價格，讓低收入的家庭和兒童有能力購買。但是毫不意外的，可口可樂和百事公司猛烈攻擊這項議案。他們的代表嚴厲批評這項努力，認為這只是「不切實際的社會改良者」在進行「社會工程」的另一種嘗試。

　　相似的抨擊，瞄準了對白麵包課稅並利用稅收來降低全麥麵包的價格；對殺蟲劑課稅並利用收入來降低有機食物的價

格；以及對垃圾食物課稅以降低營養健康食物的價格等努力。

我們該如何打破這種惡性循環？我們該如何打破這文化迷霧，戰勝那允許工業速食和工廠式農場過度控制國家和各州食物政策的怯懦政治呢？我們該如何獲得真正營養、負擔得起，且能永續生產的食物呢？簡言之，這些問題就是本書要談的主題。書中的每一片段，都在告訴你該用什麼步驟邁向更健康、更人道，而且更能保護地球的農業和烹調方式。

《約翰‧羅彬斯食物革命最新報告》集結了幾篇我最廣受討論和廣為流傳的部落格文章，另外還包括一些新寫的重要內容。主題包括是什麼促使肥胖率升高、黃豆是否健康或有害、關於草飼牛的辯論、垃圾食物對兒童的行銷、我們為什麼眼睜睜看著越來越多的食物被污染、巧克力和咖啡的政治學與健康意涵、基因改造食物的危險和惡夢，以及兒童受到的荷爾蒙破壞（及其與動物性食物的關連）。另外還有一部分是探討與我們切身相關的社會現實，亦即有些人的飲食習慣正在危害他們自己的健康。

我希望你喜歡這本書，而且希望你能從中找到支持自己努力過健康生活的內容。會寫這一本書，是因為我相信，我們還

約翰‧羅彬斯
食物革命最新報告

是能打破像孟山都這類影響我們食物系統的企業的強大控制，將我們的農業政策帶回到對於人類與地球都是最好的狀態。我寫本書的信念是，美國憲法認為相較於製造危害營養和環境的產品企業，「公共福利」還是比他們的短期利益來得重要。

我堅信事情一定可以有所改變。如果有更多的美國人不再飲食過度、停止不健康的飲食，改吃營養成分更高且能防癌的食物，我們就能夠擁有更負擔得起、得以永續經營，並且更有效率的健康照護系統。我們將不再那麼依賴保險公司和醫生，而是更能倚靠自己所做的有益健康選擇。

不管扮演個人或家庭、社會中的什麼角色，我們都可以做出健康的選擇。支持農夫市場、自然食品店，以及採用有機和當地食材的餐廳；限制垃圾食物公司，讓他們不要再用廣告轟炸兒童，誘使他們渴望吃那些危害健康的食物。

我們可以禁止對家畜亂用抗生素，讓工廠式農場不再繁殖抗藥性細菌；要求工廠式農場清理他們的廢物，並且要求他們以一些寬容和尊重對待那些供給我們肉品、牛奶和蛋的動物。這樣做確實會提高肉類的價格而讓一些美國人吃得較少，不過這絕對是優點大過缺點，因為還同時能增進消費者、家畜以及

這塊土地的健康。

　　如果我們打算補助任何食物，為什麼不針對蔬菜、水果、堅果和全穀類等健康食物，而不是高果糖玉米糖漿以及吃基因改造黃豆和玉米飼料的牲畜？如果我們打算補助一種農業，為什麼不支持對於土地有長期承諾、認真對待地球的家庭式農夫，而不是那些只將土地視為另一種可剝削利用的商品的企業式農場？

　　儘管大型農企業一直在持續努力，但有機生產已經是美國農業中最有利、發展最迅速的部分，在美國，農夫市場的數量已比過去8年成長了1倍以上。雖然可口可樂和百事公司還是很有影響力，但全國的許多學校已經禁止販賣汽水和垃圾食物。畜牧業和農業局雖然好戰，但透過公民投票，大眾也已越來越注重動物福祉。儘管有數不清的錢用於速食和垃圾食物的行銷，但有一大群、且日益增加的人們，選擇去吃當地、自然而有益健康的食物。

　　我寫這本書，是要支持那些正在努力建造更健康的世界與更健康的生活方式的人們。我寫這本書，是要支持那些要求製造食物的企業負起影響我們的地球、我們的健康和我們的未來

的重責大任的全體人們。

你應該更了解關於你吃些什麼、東西從哪裡來,以及這對你的生活和地球有什麼影響的真相。你知道的越多,就更有力量採取有效、有意義的行動。你知道的越多,就更能讓自己對於食物的選擇跟自己的目標和熱情一致。你的心智將會更加明朗清晰、你的心胸將會更加平和寧靜,而你的身體也一定會在你的後半輩子好好的對你表達感謝。

one

關懷
萬物生命

1 變質的養豬場

　　我在《危險年代的求生飲食》（*The Food Revolution*）第一次講到的這個故事，當時引起了相當熱烈的回應，因此我決定在此寫下故事的後續發展。

　　某天在愛荷華州，我遇到了一位特別的男士——說實話，我用了「男士」這個詞只是為了顯得比較有禮貌，但其實真的不是我當時看到他的感覺。他擁有並經營一間他所謂的「豬隻生產設備」，而我則稱之為豬的集中營。

　　那裡的環境相當嚴苛。豬隻被監禁在大小只比牠們的身體大一點的籠子裡，層層疊疊的籠子共有三層之高。籠子的兩側和底座都是金屬條板，這樣一來，上層和中層動物們的排泄物就可以從空隙中掉落到下層的籠子。

　　這位擁有惡夢般養豬場的主人，我確定他的體重至少有100多公斤，但是比外表更讓人印象深刻的是，他整個人好像

是用水泥做成的一樣。一舉手、一投足，都像一面磚牆，完全冷硬而沒有彈性。另外還有一點讓他更不討人喜歡，那就是他的話語中似乎夾雜著許多咕噥聲，很多聲音在我耳裡聽起來好像都差不多，而且讓人聽了很不愉快。看到他如此僵硬死板，加上他的存在帶來的整體感受，我突發奇想的推論他會這樣，或許不過是因為在那個特別的早上，他還沒有時間做完每天例行的瑜伽練習。

　　但是我沒有洩露出對他或他的經營有什麼看法，因為我在秘密查訪屠宰場和飼育場，希望能多了解在現代的肉類生產中自己能做些什麼。我車子的保險桿上沒有貼著標語貼紙，我的衣服和髮型也經過仔細慎選，希望不會讓人覺得我可能跟住在這裡的一般人有什麼不同的理念。我冷靜的告訴對方，自己是個正在撰寫有關畜牧業的研究者，並詢問他是否願意跟我談幾分鐘，讓我能藉由他的知識多了解這個產業。他的回應是咕噥了幾聲我無法解讀的句子，但我猜測，這表示我可以繼續問問題而他會帶我四處看看。

　　此時，我對這個環境感到相當不舒服，而這樣的感覺在我們進入其中一間養豬場時完全沒有改善。事實上，我的痛苦指

數更高了，因為一走進去，立刻被一種只能說是完全令人作嘔的味道襲擊。這個地方充滿著你無法置信的阿摩尼亞、硫化氫和其他有毒氣體，這些味道出自於動物的排泄物。恐怖的是，這一切似乎已在這棟建築物裡堆積了相當長的時間。

惡臭令我噁心，我想這些動物們的感受一定也是如此。有種偵測氣味的細胞稱為篩竇（ethmoidal cell），在豬的鼻子裡，這些細胞的密度就跟狗一樣是人類的200倍，因此在自然的情況下，牠們可以拱土搜尋，從土裡嗅到可食用的根。

無論任何理由，豬都不會弄髒自己住的地方，因為牠們是相當愛乾淨的動物，只是我們給了牠們名不副實的惡名。這裡的豬隻完全沒有機會接觸到土地，而牠們聞到的也只有自己的尿液和糞便堆積、加上不幸關在這裡的其他豬隻一起累積而持續產生的惡臭。我在這棟建築裡只待了幾分鐘，停留的時間越長、越是讓我拚命想逃。然而這些豬被監禁在籠子裡，住在只能勉強走動一步的空間，被迫忍受惡臭，而且整天都幾乎完全不能移動。另外我還可以跟你們保證，牠們一定完全不得休息。

經營這個地方的主人（我姑且這麼稱呼他）友善的回答了

我的詢問，主要是關於如何使用藥物來處理現代工廠式養豬場相當常見的問題。然而，這點並沒有讓我對他和養豬場的觀感有所改善。更糟的是，為了對付其中一隻大聲尖叫的豬，他突然用力踢了踢籠子的柵欄，一聲「鏘噹」巨響在倉庫裡迴盪，使得其他好幾隻豬也開始放聲尖叫。

因為發現越來越難以掩飾自己的不舒服，於是突然覺得應該要告訴他我對養豬環境有什麼看法，不過仔細想想後，還是決定不要這麼做。很顯然，跟這種人真的沒有什麼好爭辯。

大概過了15分鐘，我覺得受夠了準備離開。除此之外，我也深深覺得他應該很想快點趕我走。但是，接下來發生了一件事永遠改變了我的人生，最後也改變了他的人生。事情開始於他太太從農舍走出來，誠摯的邀請我一起共進晚餐。

養豬場主人在他太太說話時做了個鬼臉，但他盡職的轉向我並宣布說：「這位太太想邀請你共進晚餐。」順道一提，他總是叫她「這位太太」，我想，他顯然沒有跟上這個國家的現代女權主義思想。

我不知道你是否曾莫名其妙的做出某件事，而且直到現在，我還是說不出為什麼我會這麼做，但當時我回答說：

關懷
萬物生命

「好，我很高興能留下來吃飯。」後來，我雖然留下來跟他們吃晚餐，但我完全沒有吃他們端出來的豬肉，我用的理由是醫生擔心我的膽固醇過高。我沒有說出自己是個素食主義者，還有我的膽固醇指數其實只有125。

我努力扮演好一個有禮貌的客人，不想說出任何會引發爭論的話題。我可以感受得到這對夫婦（還有他們坐在餐桌旁的兩個兒子）對我很友善、願意請我吃晚餐等等，都讓我越來越清楚明白，他們在某些方面可能以自己的方式表現他們的親切有禮。我問自己，如果他們到我住的地方旅行而我有機會遇見他們，我是否會邀請他們共進晚餐。不可能，我知道這完全不可能。然而他們在這裡周到的招待我，是的，我必須承認，儘管我很厭惡他們對待豬隻的方式，但這位養豬場主人真的不是希特勒投胎。至少，在餐桌上的時候不是。

當然，我還是知道如果撕開外表的掩飾，我們無疑會發現彼此巨大的衝突對立。因為我不想讓這個情況發生，所以吃飯的時候我企圖保持一貫的平靜。或許他們也感覺到這點，所以彼此都在努力進行著相當淺薄的對話。

我們談論天氣、他們兩個兒子打的小聯盟比賽，還有接著

就是天氣如何影響小聯盟比賽。我們對於隨意聊天和避免衝突的表面工夫，真的都做得很好。或者說，至少我這麼認為。但是突然之間，不知何故，這個男人用力指著我，以著實讓我嚇了一大跳的聲音放聲咆哮：「有時候，我真希望你們這些主張動物權利的人通通去死好了。」

我永遠都不知道他為什麼會發現我對動物權利的立場，因為我一直煞費苦心避免提到任何有關這方面的事，但是我當時確實明顯感受到胃當場揪成一團。更慘的是，他的兩個兒子立刻從餐桌旁跳起來，衝向房間、用力甩上房門然後打開電視，把聲音調高到大概可以淹沒接下來的一切。在此同時，他的太太也緊張兮兮的拿起幾個盤子，急匆匆的走進廚房。當我看到她關上廚房的門、聽到水聲開始流動時，我有種虛脫的感覺。沒錯，他們故意留下我一個人獨自面對這個男人。

坦白說，我真的嚇壞了。在這個情況下，任何一個錯誤舉動都有可能釀成災禍。為了讓自己集中精神，我試圖以觀想呼吸來尋求一些內在平靜的假象，然而這次我做不到，理由很簡單，因為我幾乎是停止了呼吸。

「他們說了什麼讓你這麼生氣？」我終於吐出幾個字，謹

慎而確實的選擇用詞，試圖掩飾我內心的恐懼。在那個當下，我很努力嘗試將自己和動物權利運動切割，因為他顯然不喜歡這股社會力量。

「他們指控我不當對待牲畜，」他咆哮著說。

我這樣回應：「他們為什麼這麼說？」當然，我完全了解他們為什麼會這麼說，但還是想著得先保住自己的性命。然而他的回答讓我十分驚訝，雖然憤怒但還真的相當清晰有力。他詳細告訴我，動物權利團體跟他說了關於他的經營方式，以及他們為何反對這樣的行事作風。他大氣不喘的繼續發表長篇大論，說明自己為什麼不喜歡被稱做殘酷，還有那些人根本一點也不了解他所處的生意環境，為什麼他們不能管好自己的事情就好。

在聽他說話的同時，我的胃漸漸不再糾結，因為我清楚知道他並不想傷害我，只是需要找個出口發洩。另外，他也很感到挫折，雖然他不喜歡自己對待動物的方式：把牠們關在這麼小的籠子、使用這麼多的藥物、小豬一生下來就立刻帶離媽媽身邊等等，但不覺得自己有其他選擇。如果他不這麼做，就無法在市場上競爭立足。他告訴我，現代的作法都是如此，所以

他也必須跟著這麼做。其實他不喜歡做這樣的事，但他更討厭為了維持家計這麼做卻遭到責難。

就在發生這件事的一星期之前，我參觀了一個更大的養豬場，在那裡得知，他們以生產線的方式大量養豬使得小型養豬場無法維持，這就是他們用來迫使招待我的主人之類的業者停業的一部分商業伎倆。我所聽到的內容，證實了他說的每一句話。

幾乎是不由自主的，我開始領會到眼前男人的處境有多麼艱難。我現在會在他家，是因為他和他太太的盛情邀請。然而看看四周，他們要維持家計確實也相當辛苦。事情就是這樣，這家人的生活很不穩定。

顯然，養豬是這個人唯一會的謀生之道，因此就算他一點也不喜歡（我們聊得越多、我越是如此確認）大型養豬場的手法，但他還是得這麼做。那時，他說自己有多討厭養豬業的這種現代工廠方法，這樣的他，讓我想起幾分鐘前他才提到的、想叫他們去死的動物權利保護者。

隨著我們越聊越多，我開始真心尊敬起這個男人，這個我在不久前才嚴厲批判的男人。他其實是個正直有禮的人，而他

的內心也懷有相當的善意。然而，在我開始感到他內心善意的同時，情不自禁的懷疑起為什麼他要這樣對待他的豬隻。我不太確定自己是否準備好想找出解答。

在我們談話之際，突然間他看起來很不安。他消沉的把頭埋進手裡。他看來很沮喪，有種可怕的事情即將發生的感覺。

他心臟病發作嗎？還是中風了呢？我發現自己呼吸困難，而且無法冷靜思考。「怎麼了？」我問道。

有好一會兒他都沒有反應，幸好最後他終於回應了。聽到他能說話讓我鬆了一口氣，但他的話說了跟沒說一樣。他說：「這沒什麼大不了的，我不想再說了。」他說話的同時，手也跟著動作，好像在把什麼東西推走。

接下來的幾分鐘我們繼續談話，不過我感到非常不自在。事情似乎尚未完結，而且相當令人困惑。彷彿有某種陰暗的事物進到房裡，但我不知道那是什麼或是應該如何處置。

接著，在我們說話的時候，那種情況又發生了一次。他再次陷入了消沉。我知道，坐在這裡的我，就像是提醒他某種陰暗和壓迫的存在。我試圖了解到底是怎麼一回事，然而並不容易。又再一次，我發現自己呼吸困難。

約翰・羅彬斯
食物革命最新報告

最後，他看著我，眼眶含著淚水。他說：「你是對的。」我當然喜歡被認同，不過在當下這個情形，我完全不知道他為何會這麼說。

他繼續說道：「沒有任何動物應該受到這樣的待遇，特別是豬。你知道牠們很聰明嗎？如果你對牠們好，牠們甚至會很友善。可是我沒有。」

他淚眼模糊的告訴我，他剛剛想起自己兒時曾發生的事，一件他已經塵封多年的往事。他說，這件事情偶爾會湧上心頭。

他告訴我，他在密蘇里州鄉下的一個小農場長大，舊式的農場裡有院子、牧場，所有動物都在裡面跑來跑去，每隻動物都有名字。我還知道他是獨生子，有個相當權威的父親，處事態度非常鐵腕。因為沒有兄弟姊妹，所以他常常感到很寂寞，不過幸好有農場的動物陪伴，尤其有幾隻狗就像是他的朋友。除此之外，我很驚訝的聽到他說，他有一隻寵物豬。

當他跟我描述這隻豬的時候，就像變了一個人。先前，他說話的方式很單調，而現在的他，聲音輕快又有活力，肢體語言也開始變得生動活潑。而在這之前，他所說的一切似乎都在

抱怨長期的苦惱。事情好像越來越新鮮有趣。

　　他告訴我，夏天時他會睡在穀倉，因為那裡比房子涼，而他的寵物豬常常就睡在身邊，撒嬌地要他揉揉肚子，他也很喜歡這麼做。

　　他又說他們家有個池塘，天氣熱的時候他喜歡在那裡游泳，不過有隻狗每次在他游泳時都太過興奮而一直搗蛋。那隻狗會跳到水裡，不停在他的頭上游來游去，還用爪子抓他，搞得他很煩，無法游泳，但接著就像命運使然一般，所有動物之中，就只有那隻豬會游過來拯救他。

　　小豬顯然會游泳，撲通一聲跳進水裡，游到擾亂他的小狗那邊，夾在他和小狗之間。然後牠就待在小狗和小男孩的中間，讓狗狗不能接近。我覺得那情景的最佳寫照是，小豬就像是救生員，或者（以這個例子）應該說是救生豬。

　　我聽著養豬場主人說著他的寵物豬，我很喜歡他的故事，也不覺得他說出這樣的事情有什麼奇怪。接著，又來了，他的臉上又掃過挫敗的神情，我覺得好像有什麼事很令人傷心。我知道，他的內心有東西一直在掙扎，想穿越極大的痛苦找到生命的方向。然而，我不知道那是什麼，或甚至該如何幫助他。

「你的豬怎麼了？」我問他。

他嘆了口氣，就好像全世界的所有苦痛都包含在這聲嘆息中。之後他慢慢說道：「我爸爸要我宰了牠。」

「你做了嗎？」我問。

「我逃走了，但我無處可躲。他們找到了我。」

「後來發生了什麼事？」

「我爸爸叫我選擇。」

「什麼選擇？」

「他跟我說：『你要不就宰了那隻豬，不然就不要當我的兒子！』」

我想（同時感受著父親為何常把兒子訓練成毫不在乎的沉重壓力），有些選擇可以被稱做勇敢和強壯，但最後常常變成冷酷無情和麻木不仁。

他說：「所以我做了。」此時他的眼淚開始沿著臉頰滑落。我深受感動而且深感卑微。這個剛剛被我認定是沒有人性的男人，在陌生的我面前流淚。這個我剛剛認為無情、甚至無心的男人，實際上才是真正關心在乎的人。我對他的評斷，真的錯得離譜。

接下來的幾分鐘，我越來越清楚事情的演變。養豬場主人想起了某些傷痛的往事，那是如此深刻的創傷，在發生的當時他完全無法應付。某些東西在那時被關上了，因為一切實在太過沉重而令人無法忍受。

在他年輕、正在成形的心靈某處，他決定再也不要受到那樣的傷害，再也不要那樣脆弱無助。因此，他築起一道牆把痛苦囚禁起來，把對於豬的愛和依戀通通關在裡面。現在，在這裡的他，以屠宰豬隻維生，我想像著，他還是在尋求父親的認同。我內心縈繞著，神啊，我們該怎麼做才能得到父親的接受呢？

我曾經認為他是個冷酷又封閉的人，然而現在我看到了真相。他的死硬，不是我先前以為的由於缺乏情感。相反的，正代表在這背後的他有多麼敏感。因為如果他不敏感，就不會受傷，也不需要築起這麼厚實的一道牆。初見時，我就明顯感到他身體的緊張，而他背負的這身盔甲不就明白顯示在這底下，他曾經多麼受傷以及還承載著多少情感的能力。

我曾經審判過他，而且說實話是相當無情的審判。跟他坐在一起的我，對於他心中受到強烈壓抑而長久埋藏的深刻痛苦

回憶終於浮上表面，感到謙卑和感激。此外，我也很高興沒有局限在對他的判斷之中。如果我這麼做，他就沒有機會可以說出他的回憶。

那天我們談了幾個小時，聊到許多事情。在發生這一切之後，我開始關心他。他的內心情感和生活型態之間的鴻溝，似乎悲慘到難以形容。但是他還能怎麼辦呢？這就是他知道的全部。他沒有高中文憑，只能簡單的讀寫。如果他想嘗試其他工作，又有誰願意雇用他呢？誰願意投資他，訓練一個他這種年紀的人呢？

那天晚上，當我最後離開的時候，問題還一直盤旋在心中，完全找不到答案。我有些輕率的開玩笑說：「或許你可以種種花椰菜或其他東西。」他盯著我，顯然不了解我在說什麼。我很快想到，或許有可能他根本不知道什麼是花椰菜。

那晚我們道別時已成為朋友，雖然很少見面，但經過多年我們仍保持友誼。我常常想起他，事實上我認為他是個英雄。因為除了他有勇氣說出這麼痛苦的回憶而讓我深受感動外，就如你之後會看到的，我那時還沒見識到他竟然可以這麼勇敢。

我在撰寫《新世紀飲食》（*Diet for a New America*）時，

引述了跟他的對話，但內容相當簡短而且沒有提到他的名字。我想，在愛荷華州以養豬這行維生，跟我扯上關係對他應該沒有好處。

當書出版的時候，我送了他一本並且說，希望他對於那天晚上我們所分享的事不會感到不舒服，然後讓他看了有關我們那天討論的那幾頁。

幾星期之後，我收到他的來信。信的一開始寫著：「親愛的羅彬斯，謝謝你送的書。看到書的時候，我開始偏頭痛。」

身為一個作者，確實很希望對讀者有所影響。然而，這完全不是我所樂見的效果。

不過他繼續解釋頭痛這麼嚴重所以「那位太太」建議他或許應該去看看書。她認為，頭痛和書之間或許有某種關連。他告訴我這一點都不合理，但他還是這麼做了，因為「那位太太」對於這方面的見解往往都是對的。

「你寫得很好，」他說，而我可以告訴你，這五個字對我的意義比《紐約時報》的好評來得更深。他繼續說，讀那本書對他而言非常困難，因為書中把他所做的事都攤在陽光下，讓他更看清楚自己不該再繼續下去。在那同時，頭痛變得更嚴重

了。第二天早上，當他熬了一整夜把整本書看完之後，他走進臥室看著鏡中的自己。他說：「就在那時，我決定賣掉牲畜，退出這個行業。雖然我還不知道自己要做些什麼，但或許我會像你說的，去種花椰菜。」

事情就這麼發生了。他真的賣掉愛荷華的養豬場、搬回密蘇里，買了一個小農場。他開始種植有機蔬菜（我確定裡面一定有花椰菜！），在當地的農夫市場販賣。他還是有養豬，不過大概只養了10隻，而且沒有把牠們關起來或殺掉。相反的，他跟當地的學校簽了一份合約。校方會帶著學生來校外教學，讓學生在農場跟小豬玩。他讓孩子們了解，只要好好對待牠們 —— 就像他現在做的，豬其實是相當聰明、友善的動物。他還安排讓每個孩童有機會可以揉揉豬的肚子。他自己幾乎快成為素食者、體重減輕了許多，而且健康也明顯改善。感謝老天，他的經濟狀況也真的比以前好。

他和我在那之後經常通信。幾年前，我很難過得知了他過世的消息。

你是否了解我為什麼還牢牢記住這個男人？你是否了解為什麼他在我的心目中是個英雄？他勇敢的跨出那一步，在不知

道下一步的情況下，甘冒風險離開正在殘害他心靈的事。他遠離自知是錯誤的生活方式，找到認為是正確的人生。

當我看著世界上正在發生的許多事情，有時候會害怕我們無法完成目標。但是每當我想起這個男人還有他心靈的力量，每當我想起還有許多人的心同樣如此熱烈跳動著，我就覺得我們一定能做得到。

我可以自己騙自己說，沒有足夠的人數來逆轉浪潮，但接著我會想起第一次遇見養豬場主人時對他的評價有多不正確，而且我也意識到四處都有這樣的英雄存在。我沒有發現他們，只不過是因為認為他們應該看起來像某種樣子，或是正在做某種事情。我被自己的信念蒙蔽了雙眼。

那個男人是我心目中的英雄，因為他提醒了我，我們可以離開自己為自己、為彼此築起的牢籠，進入另一種更好的狀態。初次遇見他時，我從沒想過有一天會說出現在所說的話。然而，這真的讓我看到了人生有多麼奇妙，你永遠都無法真正知道未來會發生什麼。對我來說，養豬場主人會一直提醒著我，永遠不要低估人心的力量有多大。

我認為，那天能跟他相處是種幸運，很高興自己能夠成為

他打開心靈的催化劑。我知道,我的出現對他造成某種影響,但我也知道、而且相當確信,我所得到的遠超過所給予的。

　　對我來說,這是個恩典 ── 除去眼前的遮蔽,讓我們能體認並為彼此付出良善。別人的願望或許是巨大的財富、超能力,或來趟驚奇神秘之旅,但對我而言,這就是人生的真正奇蹟。

關懷
萬物生命

2 雞和蛋是怎麼來的？

　　愛吃雞蛋的各位朋友聽到這項消息一定都樂歪了，因為美國農業部（USDA，通常是最後一個注意到有什麼東西是真的很營養）宣布，雞蛋所含的維他命D比過去以為的高，而且膽固醇含量比過去相信的低14%。

　　姑且不論科學權威怎麼會對這麼基本的問題（雞蛋裡的維他命D和膽固醇），錯得如此離譜、而且這麼久都沒有發現，但這些新數字，對於雞蛋愛好者確實是值得開心的消息。蛋品工業更是高興這份報告，讓你知道一星期最多可以吃10顆蛋，而且還能保持在成人每日建議攝取量的300毫克膽固醇以內。當然，你必須完全沒有吃到任何其他的膽固醇來源。

　　這個消息，讓愛吃雞蛋的人不但可以笑開懷放心大吃，而且不會因為這樣吃而引發心臟病。如果這足以讓雞蛋愛好者開心大笑，那不就像把百憂解（Prozac）❶打進蛋品工業。沒錯，正如你所預料，他們確實分秒必爭大聲宣告自家產品已經

除罪的消息。

　　不過請等一等。在整個遊戲中，似乎有什麼事情被忽略了，那些或許比一顆蛋裡有幾毫克膽固醇更重要的事。我們是否在乎母雞受到什麼樣的對待？我們是否關心牠們住的環境以及食物的品質？我們是否在意雞蛋是以人道而永續的方式生產？如果新的飲食資訊，意味著我們會吃更多來自生活悲慘的生病母雞的蛋，那麼，這真的是一件好事嗎？

　　現代工業化雞蛋生產的悲慘現實是，母雞被塞進一層層骯髒的籠子裡，空間小到牠們連翅膀都舉不起來。這些禽鳥住的空間有多小呢？你就想想抓幾隻雞塞到檔案櫃的情況。通常光是一棟建築，就擠滿了3萬隻母雞。

　　這些母雞被痛苦環境給逼得發瘋，以致於牠們會彼此啄食，甚至致死。當然，企業方面不希望看到這類情況發生，因為死掉的母雞就不能生蛋，對他們一點好處都沒有。既然如此，那企業該如何防止這種情形呢？他們並不是給母雞更多的

譯註
1 抗憂鬱的藥。

空間，也就是比較人道的對待，而是切掉母雞一大部分的喙，這個過程被委婉稱做「剪喙」。

關心這件事的消費者可以做些什麼呢？幸運的是，聚寶盆協會（Cornucopia Institute）提出有機蛋評分卡（Organic Egg Scorecard），讓消費者可以獲得正確的資訊。評分卡會評估販售有機雞蛋的大廠牌和自有品牌公司，標準則是依據廣大的認真消費者認為最重要的幾項指標。

因為有機蛋評分卡，讓我們很快了解到兩件事。

第一，光是提到「有機」，並不代表母雞被人道飼養。事實上，「有機的」工廠式農場經營，會在一棟建築裡養8萬隻「有機」母雞。

第二，你在當地商店可以找到哪個雞蛋品牌，是真正使用最好的有機生產方法，而且以最符合道德的方式對待母雞。如果你想知道雞蛋生產是否符合人道，你可以自己去查一查。

結果可能會讓你很驚訝。例如，Trader Joe's❷、Safeway❸

---

2 美國以有機且價廉的食物、用品著稱的連鎖商店。
3 美國大型連鎖超市。

的 O Organics④、沃爾瑪公司（Wal-mart）的 Great Value⑤，以及好市多（Costco）的 Kirkland 等自有品牌，得到的分數竟然最低，因為這些公司無法或不想對於他們的雞如何被豢養、餵食或對待，提供任何有意義的訊息。不幸的是，聚寶盆協會的報告中寫道：「有相當多的自有品牌有機雞蛋是由工業農場生產，他們所飼養的數以千計禽鳥，全都沒有機會接觸戶外。」

許多雞蛋供應商以他們的雞蛋沒有使用荷爾蒙來招攬顧客。這聽來不賴，但事實上完全沒有意義，因為跟牛肉和乳製品不同的是，美國現今生產雞蛋就是不能使用荷爾蒙。聯邦規定，禁止使用荷爾蒙飼養家禽。

然而，至少 Whole Food⑥ 已經往正確的方向邁進一步，他們不販售任何剪喙的雞所生的蛋。在此購物的消費者，若是知道所買的雞蛋沒有來自最糟的雞蛋工廠，應該可以感到舒服一點。

||||||||||||||||||||||||||||||||||||||||||||||||||||||||||||||||||||||||||||||||||||||||||||||||||||||||||||||||||||

4 店家自有的有機產品品牌。
5 店家自有的高品質產品品牌。
6 以高品質、高價位產品著稱的美國連鎖超市。

關懷
萬物生命

如果你想吃到來自健康、快樂的母雞所生的蛋，或許可以試試自家生產食物，在家中後院養幾隻母雞；或者，從鄰居或真正造訪過的小型農場取得雞蛋；更或者，只購買在有機蛋評分卡上得分高的雞蛋。

　　至於我個人喜歡的早餐內容，保證絕對不殘忍。如加了肉桂、葡萄乾和核桃的燕麥片，加入這些配料不光只是為了風味。燕麥是低升糖指數（GI）穀物，而核桃能讓營養早餐有高蛋白含量、高營養密度，不但內含健康的脂肪，而且升糖指數也很低。

　　在此我提供這份美味又營養的早餐食譜，讓你吃了可以維持血糖濃度，並且一整個早上精力充沛。以下份量供3人食用。

材料：

燕麥片	1 杯
水	3 杯
鹽	1/2 茶匙
肉桂粉	1/2 茶匙
葡萄乾	1/3 杯
核桃	1/3 杯

作法：

1. 將燕麥片、水、鹽、肉桂粉和葡萄乾放入小鍋，加蓋煮到滾。

2. 轉小火燉煮10分鐘，偶爾攪拌一下。

3. 關火，拌入核桃，然後趁熱吃。

3　乳牛根本不開心

身為巴斯金-羅彬斯（Baskin-Robbins）冰淇淋王國創辦者的獨子，我在成長過程中吃了很多的冰淇淋，而且接受掌管家族事業的栽培。但是對我來說，面對銷售和吃下會導致心臟病和肥胖症的冰淇淋，相當痛苦。更痛苦的是知道了冰淇淋的牛奶原料，是乳牛和牠們的小牛付出慘痛的代價才能獲得。因此，我沒有追隨父親的腳步，遠離了家族企業，並且發願要為更慈悲、更健康的世界而努力。

在我的書裡，包括《危險年代的求生飲食》和《新世紀飲食》，都曾詳細提到大型畜牧場的乳牛和小牛受到的恐怖虐待痛苦。這些書在世界各地都成為暢銷書，因此我更堅定相信，有越來越多的人認為這是重要的議題。

2010年，加州的州長阿諾・史瓦辛格（Arnold Schwarzenegger）簽下議案，禁止州內販售任何關在籠子裡的雞所生的蛋；這項議案將在2015年生效。在63%的多數選

民贊成2號提案 ──「農場牲畜受虐防制法」（Prevention of Farm Animal Cruelty Act）── 的20個月之後，這項議案將會成為法律，很顯然，關心牲畜的生活環境不再只是動物權利保護者的活動範圍。

由於意識到越來越多人關心農場動物受到的待遇是否人道，因此加州乳品協會（California Milk Advisory Board）開始加強為期10年的「開心乳牛」（Happy Cow）宣傳活動，打出一系列的廣告口號：「最棒的牛奶來自開心的乳牛，開心的乳牛來自美國加州。」「開心乳牛來自美國加州」這句廣告詞，現在全國各地都可以看到。

遺憾的是，這些廣告根本大有問題。其中一個問題是，他們不是百分之百的符合事實。比方，影片的拍攝完全不在加州，而是在紐西蘭的奧克蘭。

更糟糕的是，這只是冰山的一角。

加州乳品協會在全州布滿廣告招牌和其他廣告，洋洋得意的宣稱州裡99%的牧場是家族經營。然而，為了達成這樣的形象，他們找遍州內所有剛好有養一兩頭牛的農村家庭，然後聲稱他們每一戶都是牧場。以這樣的條件計算，這些家庭每一戶

都算一座牧場，比重就跟在聖華金山谷（San Joaquin Valley）養了2萬頭乳牛的企業經營牧場一樣。看到這些廣告的消費者可能認為，州裡的牛奶多數來自家族經營牧場，但事實上，95％的牛奶其實是產自大型的企業牧場。

真要感謝這些企業牧場所用的手法，使得加州每頭乳牛的年平均牛奶產量接近3,000磅（約1,362公斤），遠遠超過全國的平均值。產量增加似乎是件好事，但動物為此得付出嚴重的代價。乳牛每天被關在極不自然的環境裡，注射荷爾蒙、餵食抗生素，而且受到的待遇相當殘忍，就好像牠們只是長了四隻腳的牛奶幫浦。廣告裡描繪的開心加州乳牛，在現實生活中，有1/3因為感染而感到痛苦折磨，還有超過一半的乳牛深受其他感染和疾病之苦。

乳牛的自然壽命大約是20年，但加州的乳牛通常在4或5歲時就被宰殺，因為牠們的腳受到感染或因鈣質耗盡而變跛，或者只是因為牠們無法再生產非自然的高產量牛奶。

很難想像，現代加州乳牛的生活怎麼能被合理的視為快樂？此外，我禁不住要提出幾個問題。我們是否要廣告為事實負起責任？我們是否要問，他們告訴我們的跟真相有何相似之

約翰・羅彬斯
食物革命最新報告

處？加州乳品協會進行的廣告活動，所描繪的動物生活是悠閒而舒適。牛奶協會對「開心乳牛」的廣告很滿意，所以挹注了幾億的資金在全國大打宣傳。然而，這些廣告活動是否在欺騙消費者呢？

打著類似「有這麼多草，時間卻不夠」口號的廣告，讓我們誤以為加州酪農工業是個充滿鄉村風情的企業，那裡有茂盛、青翠的牧草地，看起來非常像——嗯，紐西蘭。這聽起來很不賴，只不過實際的情況是，加州的酪農業其實集中在乾燥又荒蕪的中央山谷（Central Valley），乳牛通常被關在過度擁擠的骯髒飼育場裡。有些乳牛終其一生都從未見過草的一片葉子。

或許比較正確的廣告標語是：「有這麼多牛，空間卻不夠。」

廣告呈現小牛在牧草地上開心談論牠們的媽媽。然而這跟現實有點出入。小公牛出生後，通常只跟媽媽相處24小時左右，有些甚至還沒這麼久，之後就被帶離媽媽身邊，不是被拖去宰了、就是被判決拴在小牛欄飽受長期折磨。

廣告帶來的歡樂印象，讓我們相信這些酪農業的作法與生

態環境和諧共存。不過，這些可愛的照片完全不符合現實。加州中央山谷1,600家酪農場生產的排泄物，比德州的所有人口還多。加州奇諾盆地（Chino Basin）每50平方英里（約129.5平方公里）土地上養的乳牛，每年產生的廢棄物總量堆起來有一個足球場那麼大，高度則跟紐約的帝國大廈一般高。只要下大雨，奇諾盆地裡的牧場糞肥就會被直接沖進聖塔安納河（Santa Ana River），其中還有相當大量的排泄物無可避免的進入了地下水層，而那裡卻是橘郡（Orange County）一半飲用水的供應源頭。

開心乳牛廣告從來沒有提過這件事情：2,000萬加州人（州人口的65%）所仰賴的飲用水，受到源自牧場的硝酸鹽和其他毒物污染的威脅，而硝酸鹽已證實跟癌症和先天缺陷有關。

有人說：「無知是福」，如果對於讓我們不舒服的事情不太清楚，某種程度上或許算是幸福。乳品協會似乎在助長我們的無知，因為他們從來沒有提到，在加州的大型牧場裡廣泛使用基因改造的牛生長荷爾蒙，以提升牛奶產量。這種荷爾蒙在許多國家都被禁止，像加拿大、澳洲、紐西蘭和大部分的歐洲

國家，因為會讓乳牛容易罹患乳腺感染和跛足，使牛奶裡的含膿量顯著提高，而且還可能使消費者的致癌風險升高。

許多消費者現在願意付更多的錢，購買人道生產和尊重環境的產品。如果有人生產的雞蛋是來自自由放養的雞，這些蛋在市場的售價就可比一般生產方式的來得高。如果有人用有機麵粉製作麵包，也可以因此賣更高價。不過，假使有人告訴大眾他們的蛋是來自放養的雞，但一切都是假造的；或者是有人告訴大眾他們用的是有機麵粉，但都不是真的，那又怎麼辦呢？他們的行為會被視為不誠實嗎？他們是否會被視為企圖占社會大眾的便宜呢？我們為什麼允許他們利用非常關心珍貴地球，而願意付更高價格來得到以尊重生命方式生產食物的人們呢？

乳品協會為廣告作的辯解是，廣告主要是讓人看了心情愉悅，所以不要看得那麼嚴重。然而，我所認知的乳品協會並不是娛樂事業，他們花數億經費製作廣告到底是要娛樂大眾，或其實根本是想提高加州乳製品的銷售量呢？

乳品協會表示廣告裡的牛在說話，但現實中沒有人會認為牛會說話。因此，他們的結論是廣告並沒有誤導觀眾。當然，

他們這句話說得沒錯，沒有一個精神正常的人會認為牛會說話，而他們的廣告確實也沒有誤導人們相信牛會說話。但是，我從來沒有看過任何一個消費者運動的訴求是動物產品要來自會說話的動物。然而有相當多的消費者關心動物和地球，他們願意付更多的錢，獲得以人道飼養的動物產品以及用環保方式種植的作物。

乳品協會明白讓觀眾看到小牛被帶離媽媽身邊，並關在窄窄的小牛欄，根本無法銷售他們的產品。展示瘦弱憔悴的跛腳動物因為痛苦和過度產乳，在壽終前就被帶到屠宰場割開喉嚨，也一樣無法推銷他們的產品，不過這就是加州乳品工業的悲慘現實。以幻想的開心乳牛廣告掩蓋悲劇，並不能緩解動物所忍受的苦難。

這就是為什麼我會聯合善待動物組織（People for the Ethical Treatment of Animals，PETA），控訴乳品協會的廣告是不法詐欺。在我看來，他們是殘忍的在乳牛和小牛身上強加無止盡的痛苦。而且毒害污染盆地的地下水，完全不可原諒。此外，我覺得蒙騙關心的消費者，遮掩動物受苦和環境受害等事情，根本就是詐欺。因此，如果我坐視不管，眼看著乳品協會

繼續花上億金錢狂打開心乳牛的廣告，我會覺得自己不負責任。

在參與訴訟後，我接受一個持懷疑態度記者的訪問，他對我的參與提出了幾個挑釁的問題。以下是我們的對話摘錄。

問：你不覺得這些廣告很有趣嗎？

答：我想他們很聰明，但身為認真看待動物受苦的人，我不覺得幽默。殘忍一點都不有趣，我不認為打著「娛樂」的旗幟這麼做，就可以將誤導大眾變成合法。

問：你跟PETA一起參與這場興訟。你對廣告的抗議難道不是只站在動物權利保護者的立場嗎？

答：希望自己買的動物產品來自人道飼養的消費者，遍布社會的各個角落。麥當勞最近加大他們養雞的籠子，並減少籠子裡的雞隻數量。他們花了相當多的錢進行改變，因為他們意識到市場的力量，消費族群希望他們能更人道的飼養家禽。漢堡王和塔可鐘（Taco Bell）① 也做了類似的改變。這些速食

譯註
1 墨西哥式連鎖速食店。

連鎖店的消費族群，並不是由動物權利保護者組成。相反的，他們是主流的美國人。關心動物困境，是美國人性格的核心。這也是我們身為人的重要部分。林肯總統（Abraham Lincoln）這麼說時，並沒有只針對動物權利保護者：「如果狗或貓沒有因主人的信仰而獲得較好的待遇，我也不太在乎主人的信仰為何。」我覺得開心乳牛廣告對於關心人道主義的數百萬人來說，是一種侮辱。

問：你參與這樣的訴訟，是否因為你是素食者？

答：並不是。吃素是個人選擇。但是否告訴大眾你所銷售的產品真相，並不是個人選擇。事實上，在這廣告中，非素食者才是最大的受害者。許多素食者不吃任何種類的乳製品，因此這種不實廣告對他們的影響比較少。

問：不是所有的廣告都這樣嗎？當我買啤酒的時候，我不會期待有兩個比基尼女郎站在我身邊。

答：確實，許多廣告是利用人們渴望有更快樂、更刺激的生活。但對我而言，開心乳牛活動似乎特別不負責任。我們現在並不是在經歷一場組成份子各異的嚴肅社會運動，訴求啤酒商品要附贈廣告裡的比基尼女郎。然而，這確確實實是一場運

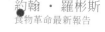

動，要求乳製品和其他動物製品要來自人道對待的動物和保護環境的經營。

問：廣告指出加州乳牛受到的待遇比其他州好。這是真的嗎？

答：不。事實正好相反，加州的乳品工業主要集中在乾燥的中央山谷，現在是美國第一的乳品製造區。中央山谷的乳牛通常被關在骯髒的飼育場，不像威斯康辛州（舉例而言）一般住在綠色的田園牧場，因為那裡的年雨量較高。而且，加州乳牛的飼養密度全國最高。

問：在這場訴訟中，你想要達成什麼目的？

答：我們希望法庭能嚴肅看待動物受苦這件事，並且禁止類似的欺騙廣告。此外，我希望乳品工業能做出改善，努力矯正廣告帶來的某些傷害。例如，我希望看到乳品協會支付與開心乳牛活動費用差不多等級的罰金。而且我希望罰金能用在公共服務教育活動，教導各年齡層的人們了解避免殘酷對待動物的重要性。

問：現在的訴訟狀況為何？

答：到目前為止，乳品協會在法庭上已經獲勝。為什麼

呢？因為加州乳品協會是加州農業部的行銷部門，也就是政府機構。此外，在加州——真的相當歐威爾式 ，政府機構在禁止不實廣告的法律上有豁免權。

問：如果法院沒有介入來保護我們，那我們可以做些什麼呢？

答：我想，該是消費者停止以辛苦賺來的錢獎勵這種行為的時候了；我們不應再支持誤導我們且殘忍對待動物的企業；我們應該了解工廠式農場裡根本沒有開心的乳牛！

---

2 喬治·歐威爾（Gerge Orwell），《動物農莊》、《一九八四》等書作者，銳利的文筆、深刻的洞察和驚人的想像力，對獨裁政治和恐怖的極權主義以及人類未來的前途有淋漓盡致的剖析。衍生出的「歐威爾式」，通常用在形容政治的獨裁、恐怖以及政客或社會亂象。

two

我們把什麼東西
吃下肚？

4 黃豆是健康食物或有害食物？

近年來，許多人詢問我對於黃豆製品的觀點。其中許多問題都提到一篇強力反對黃豆的文章，這篇廣為流傳的文章〈慘案與宣傳伎倆〉（Tragedy and Hype），作者是莎莉‧法倫（Sally Fallon）和瑪莉‧艾寧格（Mary G. Enig）。文章有系統的呈現一系列的指控來反對食用黃豆，儼然成為許多類似文章的基礎。結果，有許多人現在開始嚴重質疑黃豆的安全性。

就法倫和艾寧格的論點，黃豆製品的危險性多到不可勝數。例如，豆腐會使腦變小，導致阿茲海默症（老年失智症）；黃豆製品會提高、而非預防癌症；黃豆內含「抗營養素」，而且飽含毒素；過去幾年大力宣揚黃豆的好處，根本只是一種「宣傳伎倆」。她們說，黃豆的分子式總體可算是種「避孕藥」。

結論是：「黃豆不是毒芹類，但危害更甚於毒芹。」

法倫和艾寧格表示黃豆工業知道黃豆有毒，而且「對大眾

說謊以販售更多黃豆。」她們說黃豆是「下一個石棉」，並預測未來將會出現「成千上萬的訴訟案」。她們嚴重警告必須為「蓄意操弄群眾以牟取利益」而負起法律責任的人，「包括商人、製造業、科學家、宣傳人員、政府官員、前債券金融家、美食作者、維他命公司和零售店等等。」

黃豆用途多樣，在西方飲食中扮演的角色越來越廣，因此這些指控非常嚴厲。如果她們說的都是真的，那麼許多人對黃豆向來抱持的信任就不只是錯置，而是一場災難。

對許多有健康意識的人來說，黃豆食品一直扮演著重要的角色，但反對主張卻如此繁多、嚴厲，因此我覺得值得更徹底、精細和嚴謹的觀察。以下我試著對黃豆的益處和危險性，提供一個客觀的評估。

祝福或詛咒？

不久以前，黃豆還被多數美國人視為「嬉皮食物」。之後，越來越多的醫學研究開始證實，吃黃豆可以降低心臟病、癌症風險、延長壽命以及提高生活品質。同時，黃豆幾乎是最理想的蛋白質替代品，可以取代勢必伴隨膽固醇與不健康飽和脂肪的動物性蛋白質。於是，主流文化開始注意到它。

1999年，《時代》雜誌一篇名為〈黃豆的樂趣〉（The Joy of Soy）的文章寫道，一天只要吃1.5盎司（42.5公克）黃豆，就可明顯降低低密度膽固醇（LDL）和總膽固醇。因為證據確鑿，連熱烈贊成製藥的食品藥物管理局（Food and Drug Administration，FDA）都興奮的斷言，黃豆是能預防甚至治療疾病的食物。

隨著黃豆有益健康的證據越來越多，黃豆的販售和食用量也跟著劇升。一些像是《黃豆食療新革命》（The Simple Soybean and Your Health）、《如何烹調豆腐》（Tofu Cookery）和《豆腐之書》（The Book of Tofu）的書籍，也都在幫助散播這些言論。豆漿的年銷售額，過去在1980年代初期只有幾百萬美元，現在已竄升到10億美元以上。而且，不光是豆漿，所有的黃豆製品都如此。從1996-2011年，美國每年的黃豆製品銷售額著實成長了5倍：從10億升高到50億美元。

然而，根據法倫和艾寧格的說法，這些都是悲劇性的錯誤，因為黃豆實際上完全沒有擁護者所宣稱的許多健康優點。相反的，她們認為：「黃豆內含大量的自然毒素或『抗營養素』，包括阻斷胰蛋白酶和其他消化蛋白質所需酵素的強力酵

素抑制劑……可能造成嚴重疲勞、蛋白質吸收降低，以及長期的氨基酸攝取不足。」

這些是很嚴厲的指控，因為食用黃豆通常就是為了它的高蛋白含量。就我的觀點，這些指控的背後有個核心事實，只不過法倫和艾寧格過份誇大了。確實，煮熟的黃豆，蛋白質稍微比多數動物性蛋白質難吸收。不過，當黃豆被製成豆漿、豆腐、天貝（tempeh）❶和其他常見的豆製品時，蛋白質的吸收性就會提高，變得跟動物性食物差不多。已有報告指出，黃豆因為具有酵素抑制劑而不利於蛋白質吸收的任何負面影響，並不存在於這些食物當中。此外，就算是消化性較低的單純黃豆，內含的蛋白質和各種必需氨基酸還是很高，因此如果有某種需要，黃豆仍然可以當作飲食的蛋白質單一來源。

法倫和艾寧格又說：「黃豆也含有凝血素，這是一種促凝塊物質，會造成紅血球細胞結在一起。胰蛋白酶抑制劑和凝血素都是生長抑制劑……黃豆也含有甲狀腺腫素，會抑制甲狀腺

譯註
1 印尼的傳統發酵食品。

063

two

的功能。」黃豆確實含有這些物質,那麼,我們該如何解釋各個文明已開心吃了數千年的適量黃豆食物呢?法倫和艾寧格的例子都是建立在動物實驗,測試中的動物被餵食了異常大量內含「無法自然生長」物質的黃豆,因而發展出「胰臟的病理狀態,包括癌症」。但事實是幾乎沒有證據顯示,在一般黃豆飲食中發現的這些物質含量,會對人類健康造成威脅。

動物研究

動物研究是許多反黃豆指控者的重要基礎,但是人類跟其他動物不同,會影響牠們的食物在我們的身上可能有相當不同的作用。蛋白酵素抑制劑是種減緩分解蛋白質的消化酵素作用的物質,法倫和艾寧格指出的研究顯示,由黃豆解析出的蛋白酵素抑制劑能讓某些動物致癌,然而沒有證據證明或甚至暗指對人類有相同的效果。事實上,黃豆裡的蛋白酵素抑制劑,已被證實可降低人類大腸癌、前列腺癌以及乳癌的發生率。

法倫和艾寧格特別強調1985年的一項研究內容,是黃豆會提高大鼠(rat)發生胰臟癌的風險。然而國家癌症研究院(National Cancer Institute)的研究者指出,少數物種的胰臟(尤其是大鼠和雞)對於飲食中的蛋白酵素抑制劑(像在黃豆

約翰‧羅彬斯
食物革命最新報告

中發現的那些）特別敏感。這樣的敏感性並沒有在其他倉鼠、老鼠（mouse）、狗、豬和猴子等物種身上發現，而且「也不預期會發生在人類身上」。事實上，雖然只吃黃豆的大鼠有罹患胰臟癌的很高風險，但人類吃大量的黃豆反而會降低胰臟癌的發生率。

即便看似非常相近的物種，在分子等級的作用上通常還是有相當大的差異。一如法倫和艾寧格所指出的，年幼的大鼠吃黃豆會無法成長，但是牠們吃人類的乳汁也不會長大。這是因為大鼠和人類對營養的需求截然不同，比方，人類的乳汁有5%的蛋白質，而大鼠的乳汁有45%的蛋白質；不同物種的營養需求以及對營養的反應，可能有相當大的差異，對某些物種相當營養的食物，往往不適合或甚至會毒害另一物種。

黃豆有很高的大豆異黃酮，也就是植物雌激素。法倫和艾寧格選擇的一些動物研究顯示，攝取黃豆的大豆異黃酮與癌症風險有關。不過，已一再有研究發現攝取黃豆能降低人類乳癌的發生率，而且原因就是大豆異黃酮。

為什麼會有這樣的差異呢？德拉瓦州（Delaware）杜邦兒童醫院（DuPont Hospital for Children）臨床科學部門的克

萊恩（K. O. Kline）博士在1998年《營養總覽》（*Nutrition Reviews*）期刊的一篇文章中提到：「從文獻可清楚得知，大豆異黃酮以截然不同的方式影響不同物種和不同組織。」然而法倫和艾寧格並不同意此項說法。她們指責克萊恩的看法，怒氣沖沖的說：「這是科學的含糊其詞。」或者，另一種詮釋是克萊恩只承認一件事實，那就是必須考慮到物種間的生理差異。

還記得沙利竇邁（thalidomide）[2]嗎？懷孕婦女若服用，會造成嬰兒出現相當可怕的先天缺陷。沙利竇邁曾做過廣泛的動物測試，結果顯示完全安全無虞。同樣的，近年來被宣傳為減肥者救星的氟苯丙胺（fenfluramine）和右芬氟拉明（fexfenfluramine）化合物，也在動物身上做過許多實驗，發現相當安全；但不幸的是，實際上該藥會造成人類的心臟瓣膜病變。以猴子測試關節炎用藥奧普仁（Orphen）時，並沒有發現任何問題，但是在回收以前，卻有61個人因此藥致死。賽樂特（Cylert）用在動物身上也沒有問題，然而過動兒使用後卻會造成肝衰竭。

---

2 過去曾用來減緩孕婦害喜症狀的藥物。

與癌症的關聯

既然如此，那重要的問題就是人類吃黃豆跟罹患癌症之間有什麼關係呢？儘管有主張一直想找出案例來反對黃豆，但也有證據強烈指出黃豆不僅不會促發癌症，還會降低癌症風險。

例如，我們一再發現沖繩的老人是世界上最健康、長壽的人。這項結果是由頗具聲望的沖繩百歲人瑞研究（Okinawa Centenarian Study）、一個日本厚生省（Japanese Ministry of Health）資助的25年計畫所發現。

研究者分析沖繩老人的飲食和健康資料，並將他們跟其他國家的老年人口相比較。研究者推論大量攝取黃豆，是沖繩人很少罹患與荷爾蒙有關癌症（例如乳癌、前列腺癌、卵巢癌和大腸癌）的主要因素之一。相較於北美洲，他們罹患乳癌和前列腺癌的機率少了80%，這個數字相當驚人，此外乳癌和大腸癌的盛行率也少了一半以上。

研究報告提到癌症風險的大量降低，某種程度跟沖繩人攝取很多來自黃豆的大豆異黃酮有關，是很重要的發現。全世界癌症盛行率最低的地方在沖繩，這裡也是吃最多黃豆的地方。

其他研究也證實吃黃豆和降低癌症風險之間的關係。日本

公共衛生中心研究（Japan Public Health Center Study）發現，區內乳癌發生率最低的地方，就是女性吃最多黃豆製品的地區。在英國醫學期刊《刺胳針》（*Lacent*）發表的新近研究顯示，吃最多類黃酮素（主要是黃豆製品裡的大豆異黃酮）的女性，罹患乳癌的風險明顯低於攝取較少類黃酮素的人。

或許最有說服力的是2003年一項發表在《美國國家癌症研究院期刊》（*The Journal of the National Cancer Institute*）的大型研究，結果發現相較於黃豆低攝取量者，高攝取量的女性罹患乳癌的風險少了54%。

反黃豆運動者一再聲稱黃豆食品會提高癌症風險，然而這樣的指控跟聲譽卓著的研究發現完全不符。健康專業人員追蹤研究（Health Professionals Follow-up Study）發現，每天喝豆漿的男性會減少70%的前列腺癌發生機率。

凱亞拉‧丹妮爾（Kaayla Daniel）是法倫和艾寧格的門生，也是著名的反黃豆書籍《黃豆全紀錄》（*The Whole Soy Story: The Dark Side for America's Favorite Health Food*）的作者。編輯此書的法倫，也是出版這本書的小型圖書公司的老闆。丹妮爾在書中寫道：「幾乎可以確定，至少有些甲狀腺癌

的增加可歸咎於黃豆的大豆異黃酮（在黃豆裡發現的一種植物雌激素）誘發……甲狀腺腫瘤。」不過加州癌症預防學會（Cancer Prevention institute of California）在進行灣區甲狀腺癌研究（Bay Area Thyroid Cancer Study）時，發現結果並非如此，而且剛好相反。他們發現從黃豆食物、全穀類、堅果和種子中攝取最多植物雌激素的人，罹患甲狀腺癌的風險明顯較低。跟吃最少者相比，吃最多黃豆的女性罹患甲狀腺癌的風險只有一半左右。

如果你吃過多的黃豆而飲食中又缺少碘，甲狀腺確實會腫大且活動低下，因而可能會出現甲狀腺機能不足的症狀（像是打瞌睡和憂鬱），罹患甲狀腺癌的風險也可能增加。但重點不是避開黃豆，而是要確定自己有攝取足夠的碘。只要攝取適量的碘，黃豆並不會造成甲狀腺的問題。

在美國，缺碘現象非常罕見，因為一般使用的鹽都加了碘，只要1/4茶匙的含碘鹽就能提供一天所需的碘量。然而不吃含碘鹽的人，就應該確認自己是否有可靠的礦物來源。植物的碘含量極其仰賴生長環境裡的含碘量，因此，海洋蔬菜和海草是最可靠的優質礦物來源，也是含碘的最佳綜合維他命補充

品。

　　同時，丹妮爾的書還誤導許多有健康意識的人們相信，黃豆會提高的不只是甲狀腺問題、甲狀腺癌，還有許多其他癌症。因此，越來越多的人開始不敢吃黃豆。

　　健康研究者席德・鮑梅爾（Syd Baumel）是其中一位最早挑戰將黃豆視為奇蹟食物而大量促銷的人，他也質疑黃豆吃得越多越好的想法。但是當他深入研究丹妮爾的主張時，他說丹妮爾的書「一貫蒙蔽和操弄讀者，只為了建立假象⋯⋯幾乎當你稍加探究這本書的任何一處，就會發現真相被半真半假、虛構陳述、錯誤、謊言和其他不實勸說的詭計給弄混。」鮑梅爾舉了以下的例子：

　　　　丹妮爾引用一個5年的臨床試驗，在179名攝取高量大豆異黃酮補充品的停經婦女中，有6個人發展出子宮內膜增生。而在197位服用安慰劑的婦女之中，則沒有任何一個出現此項症狀。丹妮爾提出警告：「子宮內膜增生是癌症的前兆。」暗指那些女性遲早有一天會罹患癌症。但是她並沒有提到，這6名婦女出現的子宮內膜

增生，都是比較健康而且不是非典型的形式③。研究指出，這種情況有2%的風險會逐漸變成子宮內膜癌，跟一般婦女1-2%的風險幾乎沒有差別。

1997年，美國癌症研究所（American Institute for Cancer Research）與其國際組織世界癌症研究基金會（World Cancer Research Fund）共同合作研究，發表了一篇重大的國際報告：〈食物、營養以及癌症預防：一項全球觀點〉（Food, Nutrition and the Prevention of Cancer: A Global Perspective）。此篇報告分析了超過4,500個研究，內含120名投稿人和審稿人投入的成果，參與者來自世界衛生組織（World Health Organization，WHO）、聯合國糧食及農業組織（Food and Agriculture Organization of the United Nations）、國際癌症研究所（International Agency for Research on Cancer）以及美國國家癌症研究院。2000年，美國癌症研究所所長里瓦・畢楚（Riva Bitrum）說道：「研究持續顯示，每天只要

---

3 非典型子宮內膜增生（atypical endometrial hyperplasia）發展成癌症的風險較高。

一份黃豆食物就有利於降低癌症風險。」

　　當然，任何具備這種強效生物特性（即便是健康的特性）的食物，一定也會在某些情況下對某些人產生某些不好的副作用。雖然整體而言，食用黃豆能降低癌症發生率，但對於有雌激素陽性反應（ER+）乳房腫瘤的女性有何效果仍然存有疑問，因為這些腫瘤會受雌激素刺激而促進生長。它們是否可能因此受黃豆裡大豆異黃酮的微量雌激素活動刺激而生長呢？這個問題目前還沒有得到結論。有些證據顯示有可能，但也有其他證據證明，適量食用黃豆能改變雌激素的代謝，因而較不會刺激腫瘤生長。根據美國癌症研究所的說法，健康女性「每天甚至吃2-3份黃豆食物作為蔬食飲食的一部分，應該都沒有問題。」

　　至於黃豆補充品就完全是另一回事。黃豆錠劑和黃豆粉的大豆異黃酮（通常是黃豆素daidzein和金雀異黃酮素genistein）含量，可能遠超過飲食可攝取的量。然而，少有研究針對這樣高的劑量有何效果進行研究。儘管沒有確實的證據顯示攝取大豆異黃酮會對人類有害，但也沒有明確的證據證實高劑量很安全。有些黃豆蛋白補充品的製造業者建議，一天

可攝取100毫克的黃豆蛋白（相當於7、8個素肉漢堡）。但我相信在知道更多之前，完全避免濃縮的黃豆補充品可能比較安全。

黃豆與礦物質吸收

無論如何，法倫和艾寧格堅決相信牛肉比黃豆好，而且持續對豆子提出控訴。她們把錯都怪在黃豆內含的植酸，說：「黃豆裡的植酸含量很高，這種物質可能阻斷腸道吸收必需的礦物質，像鈣、鎂、銅、鐵，還有特別是鋅……以豆腐代替肉類和乳製品的素食者，會面臨嚴重缺乏礦物質的高風險。」

黃豆的植酸確實很高，許多來自植物的食物也是，像其他豆類、穀物、堅果和種子。此外，植酸的確可能阻斷必需礦物質的吸收，特別是鋅。如果一個人吃了極為大量的黃豆，可能會發生這個問題。但在蔬食飲食（包括一天吃3份黃豆）中發現的植酸濃度，並沒有高到足以造成礦物質吸收的問題。此外，發酵過的黃豆製品（像天貝、味噌和其他許多黃豆食物），植酸濃度會降低到原來的1/3左右。黃豆的其他食用方式，比方浸泡、烘烤和發芽，也會明顯降低植酸含量。

雖然植酸可能某種程度危及礦物質的吸收，但絕對沒有

可靠證據顯示，吃黃豆食物的素食者「會面臨嚴重缺乏礦物質的高風險」。連美國全國牧農牛肉協會（National Cattlemen's Beef Association）都承認，無肉飲食可以獲得足夠的營養。在一項正式聲明中，這些牛肉業者的代表宣告：「詳盡規劃的素食飲食，可以滿足飲食建議中的必需營養。」

現在，讓我們逐一來看法倫和艾寧格宣稱只吃豆腐不吃肉的人會缺乏的礦物質：

鋅：對素食者而言，在飲食中加入許多富含鋅的食物的確是明智之舉，但一般而言，他們的頭髮、唾液和血液裡的鋅濃度通常都在正常範圍之內。缺鋅對於懷孕婦女可能有特別嚴重的傷害，但關於孕婦的研究，向來都發現素食者跟非素食者之間的鋅含量並沒有顯著差異。

鐵：蔬食飲食提供較多的維他命C，而維他命C能大大提高鐵的吸收。因此，就算不吃紅肉（含鐵較高），加上儘管因為植酸而減少鐵的吸收，但素食者還是沒有比非素食者更容易缺鐵。

銅：素食者吃的東西通常含有比較多的銅，以此克服任何因植酸而降低的吸收率。特別是純素者（vegan）會比吃肉的

人攝取更大量的銅。

鎂：雖然黃豆和穀類的高植酸含量會稍微減少鎂的吸收，但素食者的飲食通常含有高量的鎂，因此素食者的血鎂濃度一向都比非素食者高很多。

鈣：來自黃豆的鈣，生物可用性跟牛奶的鈣幾乎一樣。許多研究也已發現，攝取黃豆食物裡的大豆異黃酮與提升骨骼健康有關。

黃豆食物與骨骼健康

法倫和艾寧格在沒有提出任何支持的證據之下，繼續說道：「黃豆食品會阻斷鈣並且造成維他命D不足……西方人骨質疏鬆症的比例這麼高的原因，就是因為他們以黃豆油代替奶油，而奶油則是傳統的維他命D來源……也是鈣質吸收所需的維他命。」

吸收鈣質確實需要維他命D，而且維他命D在許多方面對於人類的健康也相當重要。但皮膚接觸陽光、而非吃奶油，才是人類維他命D的主要來源。事實上，沒有直接曬太陽的人，如果不吃額外的補充品，也很難從飲食中攝取足夠的維他命D。1999年發表在《美國臨床營養學期刊》（*American Journal* of Clinical Nutrition）的一份報告指出，日曬不足的人血液裡的維他命D濃度，只有在攝取4,000單位的維他命D之後才會開始升高。仰賴未強化（添加維他命或礦物質）奶油而想達到這個量的人，則必須每天吃4磅（1.8公斤）的奶油。既然如此，為什麼西方人有這麼高比例的骨質疏鬆症呢？原因是習慣於久坐，而且吃的是高度加工、高鹽、高動物性蛋白的飲食。

動物性蛋白在人體身上造成的鈣質流失效應，在科學界已經是不爭的事實。新近在33個國家做過飲食和髖部骨折調查的研究者發現，飲食中的蔬食（植物性食物）百分比和骨骼強健之間有「絕對不尋常的相關」。吃的蔬食越多（特別是蔬菜和水果），骨骼越強壯，也越少發生骨折。另一方面，如果動物性食物吃得越多，骨骼則會越脆弱，也越容易骨折。

同樣的，《美國臨床營養學期刊》2001年1月刊登的一篇研究，指出老人飲食中動物性和植物性蛋白質的比例，與骨質流失率之間有驚人的關連。在這項美國國家衛生研究院（National Institutes of Health）計畫的7年研究中，有1,000多個65-68歲的婦女被分成3組：動／植物性蛋白質比例高、中、低。高比例組的婦女，骨質流失率是低比例組的3倍，而

約翰・羅彬斯
食物革命最新報告

髖部骨折率則是將近4倍。

這有可能是基於其他因素、而非動植物性蛋白質的比例嗎？根據研究計畫主持人，加州大學舊金山分校醫學中心（University of California San Francisco Medical Center）的骨質密度臨床主任黛博拉‧塞邁耶（Deborah Sellmeyer）博士的研究發現，即使調整了年齡、體重、雌激素使用、抽菸、運動、鈣質吸收和總體蛋白質吸收等變項，結果還是不變。塞邁耶說：「我們調整了所有可能對『動物性蛋白質吸收與骨質流失之間的關係』有影響的因素，但我們發現關係還是存在。」

黃豆與心臟病

如果法倫和艾寧格的文章可信，那麼幾乎我們學到關於黃豆的每一項益處都完全不成立。既然如此，黃豆可降低膽固醇（FDA認可）的誇大名聲又是如何呢？法倫和艾寧格說：「對多數人來說，放棄牛排而改吃素漢堡並不會降低血液中的膽固醇。」

有人曾說過，人是因為自己的意見而非所擁有的事實而享有權力。1995年發表在《新英格蘭醫學雜誌》（The New England Journal of Medicine）一篇回顧38個研究的論文發

現，89％的研究都顯示吃黃豆能降低膽固醇。

如果法倫和艾寧格的說法有那麼一丁點真實，那就是吃黃豆有可能降低總膽固醇的人，大多是膽固醇本來就高的人，至於那些膽固醇數值原本比較健康的人，就沒有那麼明顯的效果。但根據許多研究顯示，即便是膽固醇正常的人都可能因為吃較多的黃豆而得到好處，因為黃豆會改善高密度膽固醇（HDL）和低密度膽固醇（LDL）的比例。美國心臟協會（American Heart Association）現在已經認可對於心臟病的風險而言，這個比例的數值比總膽固醇更為重要。

2000年美國心臟學會營養委員會（Nutrition Committee of the American Heart Association）在同行評審的期刊《循環》（*Circulation*）發表了一項重要聲明，正式建議每日飲食內含25公克以上的黃豆蛋白和與其相關的完整植物生化素（亦即不是解析過的黃豆蛋白補充品形式），可以增進心臟健康。這項建議符合FDA對於黃豆蛋白產品有助於健康的裁定：「每日25公克的黃豆蛋白作為低飽和脂肪和低膽固醇飲食的一部分，可以降低心臟病的風險。」

不屑這項說法的人又有什麼意見呢？他們認為降低膽固

醇 —— 即使是藉由飲食 —— 很危險:「事實真相是,膽固醇是你最好的朋友。」他們寫道:「血液中的膽固醇高,是因為你的身體需要膽固醇……膽固醇指數300比180對心臟的危害不會更高。」

這個觀點幾乎完全忽略了過去30年來,醫學研究所得到關於心臟病和膽固醇之間的所有關聯。比方,醫學史上公認最廣泛、最昂貴的研究計畫:脂質研究臨床冠心病一級預防試驗(Lipid Research Clinics Coronary primary Prevention Trial),是一項由聯邦政府資助、耗時10年以上的系統性研究,花費總計超過1億5000萬美元。此項龐大研究首次發表的期刊 ——《美國醫學會期刊》(*The Journal of the American Medical Association*)編輯喬治·朗柏格(George Lundberg)博士說,研究證實血液中的膽固醇即使只有微小的改變,都會對心臟病發生率產生巨大的變化。參與計畫的12個主要中心之一,辛辛那提大學脂質研究中心(University of Cincinnati Lipid Research Center)的主任查理·格魯克(Charles Glueck)博士提到:「血液總膽固醇每降低1%,罹患心臟病的風險就會降低2%。」

黃豆與先天缺陷

　　法倫和艾寧格與其他反黃豆活動者最令人驚恐的主張之一是，因為黃豆裡有植物雌激素，所以素食飲食會引發先天缺陷。他們一再提到發表在《英國泌尿學期刊》(*The British Journal of Urology*)的一項研究，內容指出吃素媽媽所生下的男嬰，有5倍多的機會可能出現尿道下裂（一種可由手術矯正的陰莖畸形）。這個說法讓人感到相當不安，但就我所知沒有其他研究提到素食飲食跟任何一種天生缺陷（包括尿道下裂）的高比例相關。此外，有些研究則顯示相反的結果，吃素媽媽生下的嬰兒，帶有各種先天缺陷的比例較低。然而，如果這項研究發現有確切的根據，那就真的十分重要。

　　我們確實需要更多的研究來判定到底是怎麼回事，但讀過實際的研究後，我幾乎不像讀到法倫和艾寧格的描述時那麼在意，因為她們沒有提到的重要事實是，研究中，吃素媽媽生下這種情況的男嬰總數只有7個。

　　很難了解要怎麼看待這小而孤立的研究。就我所見，它強調的是關於黃豆裡的植物雌激素所造成的影響，而我們要學的還有很多。就現有的知識，我認為懷孕婦女應該大量避免黃豆

約翰・羅彬斯
食物革命最新報告

類補充品。但沒有理由斷定，懷孕期間要顧忌素食飲食或黃豆食物。

　　素食飲食向來對於懷孕和哺乳有相當大的好處，其中包括大量降低毒性化學物的攝入，這些物質常在食物鏈上層的食物（最明顯的是肉類、魚類和乳製品）有較高的濃度。《新英格蘭醫學雜誌》的一篇報告指出吃純素的媽媽，乳汁被有毒化學物污染的程度遠低於一般大眾。即便純素食媽媽中污染程度最高的人，實際上還是低於非素食媽媽中污染程度最低者。事實上，素食媽媽乳汁裡的污染程度，只有非素食者的1或2%。

嬰兒配方豆奶

　　嚴厲打擊黃豆的人，對黃豆另一項令人不安的指控是，他們斷言「只喝配方豆奶的嬰兒，每天會吸收到相當於（根據體重比例）5倍避孕藥的雌激素。」法倫和艾寧格說：「配方豆奶就是『嬰兒的避孕藥』。」

　　我覺得這樣的擔憂可能有些基礎。經常吃黃豆的成人，特質是罹患乳癌或攝護腺癌的風險較低。然而，對成人產生這項效果的植物雌激素，對嬰兒可能產生非常不同的效應。美國醫師醫藥責任協會（Physicians Committee for Responsible

Medicine）的主任暨營養學家派翠西亞‧博特隆（Patricia Bertron）解釋：「在成人身上，有半數的植物雌激素被釋放到血液裡與雌激素受器結合，因而有助於對抗乳癌。但是對嬰兒來說，可以跟受器結合的不到5%。」這有可能對嬰兒和兒童造成性發展的危機。因為乳品幾乎是嬰兒所有的飲食來源，所以喝配方豆奶的嬰兒受到這方面傷害的風險可能會提高。

這些理論上的風險確實相當令人不安，但也只是理論上的，因為我們還沒看到任何實際的證據證明對人體的這項傷害。目前也沒有報告顯示，從嬰兒起就喝配方豆奶的人有荷爾蒙異常，這種人在過去30年來已超過百萬。事實上，2001年8月在《美國醫學會期刊》刊登的一篇重要研究發現，喝配方豆奶的嬰兒成長得就跟喝配方牛奶的人一樣健康。如果黃豆裡的植物雌激素對喝配方豆奶的嬰兒會造成生殖系統的影響，那麼吃黃豆的嬰兒在成年時應該會出現生殖健康的問題。研究評估811位年齡在20-34歲之間的男女，這些人在嬰兒期參加過豆奶和牛奶的研究。在30多項健康檢查中，兩組之間沒有發現明顯差異。唯一的例外是，喝配方豆奶的女性月經週期的時間稍微長一點（1/3天）。

關於配方豆奶或配方牛奶哪一種比較好的爭議，至今尚未解決。每一種似乎都有各自的危險性。最沒有爭議的是喝母乳，這種嬰兒比喝任何配方奶的嬰兒都來得健康許多。

相較於喝配方豆奶或配方牛奶，至少喝6個月母乳的嬰兒：

◆ 耳朵感染的機率少3倍

◆ 尿道感染的機率少5倍

◆ 罹患各種重大疾病的機率少5倍

◆ 過敏的機率少7倍

◆ 住院的機率少14倍

喝母乳的健康優勢完全沒有被誇大。喝母乳的嬰兒：

◆ 較少吐奶

◆ 較少拉肚子

◆ 較少便秘

◆ 發生嬰兒猝死症的可能性少30倍

◆ 罹患糖尿病的機率只有一半

◆ 智商分數平均高7分

喝母乳對健康的益處會持續一輩子。喝過母乳的人在成年時：

- ◆ 較少氣喘
- ◆ 較少過敏
- ◆ 較少罹患糖尿病
- ◆ 較少皮膚問題，如皮膚炎
- ◆ 心臟病發作和中風的風險較低
- ◆ 膽固醇指數較低
- ◆ 較少潰瘍性大腸炎（大腸的部分出現潰瘍）
- ◆ 較少出現克隆氏症（Crohn's disease）❹
- ◆ 較少罹患某些慢性肝病

「母乳最好」的證據說也說不完。然而反黃豆戰士法倫認為如果媽媽吃素，那嬰兒吃配方牛奶比母乳好。她寫道：「母乳確實最好，**如果**媽媽在懷孕以及產後哺乳期間的飲食富含動

---

4 和腸道壁發炎有關係，多發生在末端迴腸部位，會出現右下腹反覆疼痛及腹瀉，有時會類似急性闌尾炎合併發燒或摸到右下腹腫塊的現象。

物性蛋白質和脂肪。」

為什麼有人說出這樣的言論呢？這些黃豆反對者是打哪兒來的呢？他們又想證明什麼呢？

法倫和艾寧格，還有丹妮爾和其他許多反黃豆運動的名人都提倡一種信念，那就是如果想要健康，就必須攝取大量來自動物性食品的飽和脂肪。他們鼓吹讓嬰兒吃純肉，而且對於黃豆產品逐漸取代動物產品深感遺憾。

牛奶 vs. 豆奶

有些反黃豆戰士 —— 特別是美國乳品工業 —— 顯然有財務上的考量。近年來，乳品工業一直在持續奮戰，特別是對抗豆奶。他們企圖阻止豆類飲料進入「美國國民飲食指南」（Dietary Guidelines for American），成為乳品的一員；也已控告豆類飲料的製造者不准使用「乳（奶）」（milk），他們堅決主張只有乳製品才有權利使用這個字；此外，還試圖不讓豆類飲料放在牛奶旁邊販賣。全國乳製品生產者聯盟（National Milk Producer Federation）的發言人清楚說明了為什麼乳品工業會如此心煩意亂。他說：「這顯然是打算跟乳製品競爭。」

絕對沒有這回事！

在此同時，乳品工業持續砸下數億經費，試圖說服大眾牛奶比豆奶更好、更健康。例如，乳品局（Dairy Bureau）宣稱：「未強化的豆類飲料跟一份牛奶相比，只有一半的磷、40%的核黃素、10%的維他命A，以及3%的鈣。」

現在讓我們來仔細研究一下乳品局的主張。

磷只有一半：這聽起來不太好。不過，實際上我們從飲食中會得到許多磷，甚至有可能太多。營養學家布蘭達·戴維斯（Brenda Davis）說，磷含量只有牛奶的一半，這其實是優點而不是缺點。

核黃素只有40%：未強化的豆奶裡，這項營養素即維他命B2的含量確實只有牛奶的一半左右。但營養酵母和綠葉蔬菜裡有豐富的核黃素，而且在堅果、種子、全穀類和其他豆類裡也有。因此對於會吃各種健康食物的人來說，要取得足量的核黃素並不成問題。事實上，純素者（完全不吃乳製品）攝取這種維他命的量，就跟奶蛋素和非素食者幾乎差不多。只要1茶匙的紅星營養酵母粉（Red Star Nutritional Yeast），內含的核黃素（1.6毫克）就跟1公升左右的牛奶差不多。

維他命A只有10%：蔬食飲食中有豐富的維他命A，我們

不需要透過牛奶獲得。事實上，北美和歐洲的蔬食者很少出現維他命Ａ不足。此外，牛奶裡的高量維他命Ａ是來自額外添加，因此如果這麼做有些好處，沒有理由不能在非乳製品飲料裡也添加。

鈣只有3%：乳品工業的這項資料是打哪兒來的？美國販售的各種最受歡迎的豆類飲料，提供的大量鈣質都遠超過乳品局宣稱的3%。最濃的品牌所提供的鈣甚至高達百分之百。就算濃度沒那麼高的豆類飲料，提供的鈣質都有乳品局宣稱的2-9倍。

此外，還有些關於牛奶和豆奶的營養比較是乳品工業沒有告訴你的，而你或許也想知道。

例如：

- 牛奶提供的飽和脂肪是豆類飲料的9倍以上，因此更有可能導致心臟疾病。
- 黃豆飲料提供的必需脂肪酸是牛奶的10倍以上，亦即提供的脂肪性質更健康許多。
- 黃豆飲料沒有膽固醇，而每一杯牛奶含有34毫克的膽固醇。

- 黃豆飲料會降低總膽固醇和低密度膽固醇（LDL），而牛奶則會提高這兩種膽固醇。
- 黃豆飲料含有大量的植物生化素，可防禦慢性疾病如心臟病、骨質疏鬆。

科學怪豆

然而，關於黃豆還是有些合理的質疑。就我來看，截至目前最令人不安的問題來自於今日美國有90%的黃豆作物是經過基因工程改造。這些豆子被改變基因，使得成長中的植物能抵禦孟山都的抗農達（Roundup）除草劑的噴灑。因為使用了相當多的抗農達，所以農作物收成時殘留的濃度，直到非常近期還遠遠超過允許的法定限量。為了技術的商業可用性，FDA必須讓農作物的抗農達有效成分容許殘留量提高到3倍。許多科學家對此嚴詞譴責，認為允許提高殘留量而讓公司獲利，反映的是企業利益優先於公共安全的態勢，但提高濃度之議仍然生效。

雖然抗農達經由大量的動物研究證實會造成生殖障礙和先天缺陷，不過對人類有什麼影響還所知甚少。但是2005年法國一個研究室所做的研究發現，抗農達會造成人類的胎盤細胞

死亡。此外，2009年的研究發現，抗農達會造成人類所有的臍帶細胞、胚胎細胞和胎盤細胞在24小時內死亡。

很難不去懷疑，攝取基因改造的黃豆可能對人類造成嚴重的健康危機。2001年《洛杉磯時報》(*The Los Angeles Times*)刊登的一篇文章透露，在得到FDA的授予同意之前，孟山都自己的研究已對他們的抗除草劑黃豆（Roundup Ready）提出許多安全方面的問題。令人關注的是，FDA在讓這些黃豆大舉進入市場之前，並沒有要求進行更多的測試。因為現在美國種植的黃豆90%是孟山都的抗除草劑變種黃豆，再加上各式各樣的加工食品裡都有黃豆，所以成千上萬的人每天在不知情的情況下吃了沒有經過適當研究的食物。這有如一項龐大的實驗，只不過缺少了控制組；資料沒有作有系統的收集，幾乎所有人類都成為實驗的白老鼠。

根據孟山都自己的測試，抗除草劑黃豆比正常黃豆少了29%的腦部營養素——膽鹼（choline），多了27%的胰蛋白酶抑制劑（干擾蛋白質消化的潛在過敏原）。我們通常是為了內含的植物雌激素而攝取黃豆產品或開立相關藥方，但是根據孟山都的試驗，基因改造的黃豆含有的苯丙氨酸

（phenylalanine）較低，而這卻是影響植物雌激素濃度的必需氨基酸。此外，最有可能造成黃豆過敏的原凶——凝集素（lectin），在基因遺傳工程的變種裡幾乎有2倍的含量。

相較於正常黃豆，基因改造的黃豆內含更多有問題的特有成分，有益的特有成分卻比較少。更甚者，有越來越多的證據證明，抗除草劑黃豆會擾亂人類消化道裡的細菌環境。

2011年，美國的資深科學家、普渡大學（Purdue University）榮譽教授唐・胡柏（Don Huber）博士告知農業部（Secretary of Agriculture）部長湯姆・維爾薩克（Tom Vilsack）一項恐怖的新發展。目前發現一種新的病原，或許已對動植物產生無可挽回的傷害。博士懇請維爾薩克能了解：

> 病原已遍布甚廣而且相當嚴重，在抗除草劑黃豆和玉米裡的濃度又特別高……結果有可能瓦解美國的黃豆和玉米出口市場，並且截斷食物和飼料的供給。過去四十年來，我一直在專業和軍事機構擔任科學家，評估並為自然和人為的生物威脅做準備，其中包括生化戰爭和疾病爆發。根據這項實驗，我相信我們因這種病原所正面

臨的威脅是前所未有、且處於高危險的狀態。用白話來
說，就是……情況緊急。

意識到現今美國所有肉牛、乳牛和豬都吃抗除草劑黃豆的
胡柏博士，繼續寫道：

這種病原或許可以解釋美國過去幾年來牛、豬和馬場
裡，不孕和自然流產的頻率為何越來越高。其中包括新
近的乳牛不孕率超過20%，而肉牛的自然流產率則高達
45%。

許多資料證明（抗農達的主要有效成分）嘉磷塞
（glyphosate）會助長土壤性病原，而且和40多種植物
疾病的增加有關；它會跟重要營養素螯合而除去植物的
防禦，降低飼料中營養的生體利用率，造成動物障礙
……

我研究植物病原已經五十多年了。我們現在正眼看著一
種前所未有的趨勢，也就是植物和動物的疾病和障礙越
來越多。這種病原或許可用以了解和解決這個問題。現

在必須立即投入重大資源來多加關注，以避免我們重要的農業基礎全盤崩毀。

現在世界各地的黃豆都隱藏著非常具體的危險，然而這並不是反黃豆大隊要我們相信的。儘管他們一直強調黃豆食物對人體健康有害，但他們卻從未正視真正的危險。孟山都的抗除草劑黃豆，現在已幾乎成為所有美國黃豆作物的代表。

目前支持有機食物的最強烈論點之一便是：要確保你吃的黃豆食物不是抗除草劑黃豆的唯一方法，就是確認他們以有機的方式種植。

吃，或不吃黃豆

儘管黃豆食物可以提供的很多，但有時真的是被嚴重過度促銷。因此，有些人對於黃豆的印象是只要吃夠多的黃豆，就不必擔心其他的飲食和生活型態。這是錯誤而且危險的觀念。就像吃維他命無法彌補不好的飲食習慣，也不能補償運動不足或其他有損健康的生活習慣。

誇大的宣傳也讓我們忘記了某些重要的事。我們現今所吃的黃豆產品數量，在歷史上可說是前所未見。食品科技的進步

讓我們能夠萃取出黃豆蛋白、大豆異黃酮，以及豆子裡的其他物質，然後把它們添加在以前從未出現過的食物中。現有內含黃豆成分的加工、製成食品，數量相當驚人。要找到不含黃豆粉、大豆油、卵磷脂（萃取自大豆油，作為高脂產品裡的乳化劑）、黃豆蛋白萃取和濃縮、素肉⑤、水解蔬菜蛋白（通常由黃豆製成），或未經確認的植物油，可能相當困難。在美國，多數標示為「植物油」（vegetable oil）的油，其實是大豆油（soybean oil）。此外，現有的黃豆產品多數都經過基因工程改造。

這在人類的歷史上從未發生過。這應該是個要相當謙遜、警覺和謹慎進行的實驗。否則，在對黃豆的優點幾乎抱持神秘信仰的影響之下，我們將會受困於干擾美國文化的幻覺：如果一點點是好的，那麼越多當然就一定越好。

另一方面，反黃豆戰士告訴我們任何一點黃豆都算太多。他們後來更正說，如果吃進濃度太高的黃豆物質就有可能造成問題。然而實際的情況是，這個說法幾乎適用於所有食物。事

---

5 textured vegetable proteins，TVP，亦即結構性植物蛋白。

實上，如果你規定自己不能吃任何含有濃度太高就會造成傷害的物質的食物，那麼你真的沒剩什麼東西可吃了。

確實，如果攝取黃豆內含的物質過量可能有害。但如果像某些人意指的，吃黃豆食物會對人類健康造成傷害，就是在扭曲事實。飲食完全只靠黃豆，的確會有危險。然而同樣的說法也可用在花椰菜，或任何其他的健康食物。這就是飲食多樣化為什麼重要的原因之一。多樣化可產生保護作用。對多數人在多數情況下而言，黃豆產品可成為均衡飲食的一員，其他還包括豐富的蔬菜、全穀類、種子、堅果、水果和其他豆類。對大多數人來說，以黃豆食物取代目前攝取的動物性食物，是他們能做的最健康的飲食改變之一。

我認為利用黃豆健康優點的最佳方法，是依循亞洲傳統飲食的範例。一般來說，吃傳統飲食的亞洲人比較健康，而且活得比較久。日本沖繩、世界最長壽的地方，當地每天平均都會吃1-2份黃豆。傳統上，他們會規律的吃適量的全黃豆食物，像豆腐、豆漿和毛豆，以及發酵豆類，像醬油和味噌。我比較喜歡這些黃豆食物，而不是以黃豆蛋白萃取和濃縮物、水解大豆油和部分氫化大豆油等等製成的黃豆產品。全黃豆食物比較

天然，而黃豆食物也已經為整個文明提供了好幾世紀的營養。

對我來說，最好的黃豆食物有：

豆腐：製作豆腐的傳統浸泡過程，會降低胰蛋白酶抑制劑和植酸。富含蛋白質的豆腐沒什麼特別的味道，可以添加在任何食物裡。就像所有的黃豆產品一樣，最好盡可能挑有機豆腐。

天貝：含有極高的蛋白質和纖維，而且製作過程會大大降低胰蛋白酶抑制劑和植酸的天貝，就營養觀點來看，是相當理想的黃豆食物。不過，多數人可能覺得需要多加調味讓天貝更加美味。

味噌：廣泛用於調味和煮湯的味噌，是強力有效的益生菌，含有多種益菌，有利於腸道健康。製作味噌的發酵過程會弱化胰蛋白酶抑制劑和植酸的作用。

醬油：是一種發酵的黃豆醬料，非常美味而且很鹹。

豆奶：通常被稱為豆「飲」或豆「漿」，因為乳品工業不讓他們使用「奶」這個字。胰蛋白酶抑制劑和植酸含量很低。我喜歡用全黃豆製作豆漿的飲品，不喝以黃豆蛋白或豆漿粉做成的豆漿。（另外也有用米、杏仁和麥片做成的飲品，提供的

好處勝過牛奶。）

黃豆仁和黃豆醬：許多小孩特別喜歡。烘烤有助於降低植酸濃度。

毛豆：是一種成熟前就採收的綠色大豆，因而種子只占豆莢的八、九成。在加鹽的滾水裡煮15分鐘左右就可以當成零食吃，也可以跟其他蔬菜混合，或是加在沙拉或湯裡。

黃豆冰淇淋（不含乳品的冷凍甜點）：或許技術上不該歸類在黃豆的健康吃法裡，但我必須承認，我對它們沒有抵抗力。我吃的是用有機豆和（或）有機豆漿做的，而不是如Tofutti品牌以黃豆蛋白或黃豆蛋白萃取製成的冰淇淋。（另外也有用椰奶和其他植物做成的冷凍甜點，提供的益處勝過牛奶冰淇淋。）

中庸之道

基因改造黃豆帶給我們前所未見的問題，以及對於有機的強烈爭議。就算你只吃有機栽種的黃豆，成為黃豆愛好者而且自動喝下任何黃豆做成的東西，也不見得就是走在健康的道路上。然而，迴避和污衊黃豆食物，也不會讓你變得健康。

反黃豆聖戰讓許多人對黃豆產生不必要的恐懼，因而遠離

約翰·羅彬斯
食物革命最新報告

了這個長久以來對人類有益的食物來源。但是如果我們尊重身體和自然，這項食物來源便能以各種方法滋養和庇佑我們。

5 黃豆會導致阿茲海默症嗎？

　　關於黃豆的指控，還有另一項值得我們多加注意。或許你曾看過頭條標題大大寫著：「豆腐會讓腦袋縮小。」或曾聽說吃黃豆會造成阿茲海默症。這些聳動的主張之所以會出現，是因為一篇發表在2000年4月《美國營養學院期刊》(*The Journal of the American College of Nutrition*)的一份研究結果。

　　隆·懷特(Lon White)博士與同事在夏威夷進行的此項研究，是屬於檀香山心臟研究(Honolulu Heart Study)的一部分。從探究住在夏威夷的日本人的飲食和失智風險研究發現，40幾歲到60幾歲吃最多豆腐的人，最有可能在年長時出現失智和阿茲海默症。

　　豆腐和認知衰退之間的關聯性很強，而且可能無法以混淆因素像年齡、教育和肥胖加以解釋。此項研究中，中年時每天吃2份以上豆腐的人，到年老會變得衰老或健忘的機率，比很

少或從不吃豆腐者多了 2.4 倍。就連常吃豆腐者的太太都出現更多失智的徵象。

這點相當令人訝異，而且完全意想不到。黃豆一再被證明能降低膽固醇，而高膽固醇一向跟阿茲海默症的高風險有密切關聯。

對於吃豆腐的人來說，這點實在令人感到害怕。如果你知道的僅止於此，那黃豆看來好像真的不太優。

然而，這並不是我們知道的全部。例如，我們還知道亞洲國家的失智症比率較低，而這些國家的人黃豆吃得都比西方國家還多。我們知道日本的生活方式與其高量的黃豆攝取，向來都跟長壽和老年時的認知能力較佳有關。此外，我們知道基督復臨安息日會（Seven Day Adventists）有許多人一生都在吃黃豆食物，而他們年老時比一般大眾更少罹患失智症。

如果吃豆腐會增加阿茲海默症的發生率，那日本的阿茲海默患者應該比夏威夷多，因為日本人吃更多的豆腐。然而實際上正好相反。

到底是什麼造成這些神秘的發現呢？

罹患阿茲海默症的人，有項特徵是腦中的鋁含量較高。

許多研究已經顯示，攝取的鋁越多，罹患阿茲海默症的風險越高。例如，飲水中鋁含量較高，通常會產生較高的疾病率。在夏威夷執業的醫師比爾‧哈里斯（Bill Harris）隨後測試夏威夷生產和美國本島生產的豆腐，並且比較兩者的含鋁量，結果發現夏威夷的產品含鋁量明顯較高。在夏威夷用以煉製某些黃豆產品的鋁，是否可能才是真正的原凶呢？就我所知，沒有其他研究發現吃黃豆和阿茲海默症之間的關聯，但有許多研究已經證實鋁和這項疾病之間的關係。

此外，檀香山心臟研究有些相當現實的限制：許多生活方式因素無法加以控制。進行此項研究的研究者最先承認，吃豆腐可能是其他影響認知功能的負面因素的指標，因而讓豆腐無辜的背上黑鍋。其他許多研究的結果也證實了這點。

許多臨床研究已經顯示，黃豆（以及來自黃豆的大豆異黃酮）實際上對認知有益。2001 年發表在《精神藥理學》（*Psychopharmacology*）的一個研究發現，飲食中攝取高量黃豆的青年男、女，在短期記憶和長期記憶以及心智彈性方面有實質的進展。其他研究也發現，來自黃豆的大豆異黃酮補充品，能改善停經婦女的認知功能。

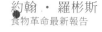

雖然檀香山心臟研究令人關心，但顯然有所偏差。檀香山研究發表至今已超過10年，目前還沒有進一步的長期研究顯示任何黃豆與人類失智之間的關係。此外，已有許多臨床試驗發現黃豆能增進記憶和其他的認知功能形式。

同時，有越來越多的研究指出你能採取一些實際有效的步驟，降低罹患阿茲海默症的風險，並有助於確保你在有生之年都還能清晰思考。

這些步驟是什麼呢？讓我們來瞧一瞧。

運動可能比你想像得更加重要

或許你沒有想到，許多研究已經發現規律的運動在預防阿茲海默症上扮演著重要角色。例如，2001年3月發表在《神經病學文獻》（*Archives of Neurology*）一項長達5年的研究發現，活動程度最高與最低相比，罹患阿茲海默症的機率只有一半，而且罹患其他類型的失智症或心智損害的機會也大大降低。就算是少量或適量運動的人，都能明顯降低阿茲海默症和其他心智衰退類型的風險。研究推斷，運動量越大、年老時腦部保持健康的可能性就越高。

三年之後、2004年9月，《美國醫學會期刊》刊登一系列

的研究，進一步證實規律運動有助於維持思路清晰，即使到了高齡仍是如此。一項研究發現70歲以上的女性，身體活動量的程度越高，在認知表現測試上的分數就越好，而且比活動量較少的女性更不容易出現認知衰退。即使只是每週輕鬆散步2小時，都會出現明顯的差異，而每週散步6小時的女性，則享有最明顯的好處。另一個研究發現，每天行走2英里（3.2公里）的年長男性跟每天走不到1/4英里（0.4公里）的人相比，失智症的比例只有一半。

又過兩年，一篇發表在《內科醫學年鑑》（*Annals of Internal Medicine*）的研究發現，一週運動3次以上的年長者跟較常久坐的同齡者相比，發生失智症的風險比低了30-40%。

蔬食飲食的益處超乎想像

除此之外，還有大量研究告訴我們，有些事情甚至比運動更能預防阿茲海默症。那就是 —— 健康的蔬食飲食！

為什麼呢？原因有很多。其一是蔬食飲食富含抗氧化劑。抗氧化劑是讓你保持年輕、健康的物質，能夠提高免疫功能、降低感染和癌症的風險，而且最重要的是讓你免受自由基的危害。自由基是一種細胞的亡命之徒，在老化的過程中扮演重

要角色。它們的損害，確實會傷害老化人體中的所有器官和系統，因此也為各種退化性疾病的發展鋪路，其中包括阿茲海默症。抗氧化劑能藉由中和自由基，預防這種傷害。

在新鮮蔬菜、全穀類、新鮮水果以及豆類（如黃豆）裡，都可以找到抗氧化劑。如果你的飲食富含抗氧化劑就比較不容易罹患跟年齡有關的許多疾病，例如失智症、癌症、心臟病、黃斑部病變以及白內障。

蔬食飲食有助於預防阿茲海默症的另一個原因是，讓你保持身材苗條。這有多重要呢？2004年，瑞典卡羅琳斯卡學院（Karolinska Institute）的米亞·基維佩托（Miia Kivipelto）博士在國際會議中報告一項20年的研究，內容是有關費城（Philadelphia）的阿茲海默症。研究發現中年肥胖的人，在年老時發生失智症的可能性是體重正常者的2倍。而在中年有高膽固醇和高血壓的人，失智症的風險則高了6倍。

蔬食飲食也能幫助你在年長時保持頭腦清晰，原因在於保持低量的同半胱胺酸（homocysteine）。同半胱胺酸是種有毒的氨基酸，是蛋白質代謝的分解產物，這種氨基酸跟阿茲海默症有重大關聯，而且也跟心臟病發、中風、憂鬱以及某種失明

有關。即使同半胱胺酸的量只升高一點，都會顯著提高相關狀況的風險。

飲食中肉類比例偏高的人，血液裡的同半胱胺酸濃度也比較高，而多吃綠葉蔬菜、全穀類、豆類和水果的人則較低。蔬食飲食提供了葉酸和其他維他命B，能幫助身體排除同半胱胺酸。有研究發現血液葉酸濃度屬於最低的前1/3者，阿茲海默症的發生率多了驚人的3.3倍，而維他命B12濃度最低的人，阿茲海默症的發生率則多了4.3倍。

2001年，《神經學》（*Neurology*）期刊刊登了一項瑞典的3年研究結果，研究對象為370名健康的年長者。研究發現維他命B12和葉酸濃度稍微低一點的人，發生阿茲海默症的風險是濃度正常者的2倍。

請記住，葉酸和維他命B很重要，因為它們協助維持低濃度的同半胱胺酸。1998年10月18日，牛津大學（Oxford University）的大衛·史密斯（David Smith）博士與同事在美國醫學會（American Medical Association）的年度科學報告研討會（Science Reporters' Conference）報告他們的發現。這項於一個月後發表在《神經病學文獻》的研究發現，血液中的同

半胱胺酸濃度屬於最高的前1/3者，罹患阿茲海默症的風險比其他人高了4.5倍。

2004年，一項發表在《神經、神經外科與精神病學期刊》（*The Journal of Neurology, Neurosurgery and Psychiatry*）有關芝加哥65歲以上居民的研究發現，膳食菸鹼酸（維他命B3）攝取最低的人，發生阿茲海默症的可能性比攝取較高者多了70%，而他們的認知衰退率則有2倍快。這裡所傳遞的訊息很簡單：多吃綠色食物。菸鹼酸的最佳膳食來源是深綠色的葉菜類。

純素食者特別需要了解，適量的維他命B12是讓葉酸有效運作的必需品。對他們而言，最常見的維他命B12來源包括維他命補充品（通常一週只要幾塊錢就能有好吃的補充品）以及營養強化產品，像豆漿、營養酵母。

然而吃肉的人是高同半胱胺酸濃度的高風險者，因為動物性食物（特別是肉類）會促成同半胱胺酸的產生。**有研究發現以肉類為蛋白質主要來源的受試者，發生失智症的可能性幾乎是素食者的3倍。**一份關於飲食和阿茲海默症的醫學文獻調查，提到肉食為主的飲食是如何頻繁的提高同半胱胺酸的濃

度。這份報告相當巧妙的下了這樣的標題:「為了漢堡而喪失心智。」

我們的社會常常理所當然的認為,年紀越長、短期記憶越受限,而且心智機能也跟著減退。只要造訪多數的療養院就會看到,老年人出現認知衰退的情況竟如此明顯普遍。

然而有充分的科學顯示,我們在晚年還是可以享有思路清晰的感受。結果也證實,不是黃豆、而是標準的美國式高飽和脂肪飲食(蔬菜、水果和全穀類太少)使得保護頭腦的抗氧化劑減少,這點才是造成老年人不健康的真正原因。

如果你有意識的吃、規律運動,並努力享受生活中的每段珍貴片刻,就不會淪為下一個在最後如此哀嘆的人:「如果早知道自己能活這麼久,我就會更加好好照顧自己。」

重點不在體型，而是健康：
肥胖症與食物選擇

我們整個社會對待肥胖者的態度，可能相當殘酷。他們或許有創造力、有愛心而且充滿希望，但是我們不這麼看待他們，而只看到他們的體重。

或許，這可以部分解釋為什麼胖子會群聚在亞利桑納州鳳凰城一家名為（這可不是我假造的）「心臟病發燒烤」（Heart Attach Grill）的餐廳外頭。這家有一百個座位的餐廳經常高朋滿座。餐廳提供了老闆強·巴索（Jon Basso）所謂的「讓常被社會妖魔化的過重顧客感到被接受的環境」。

事實上，這家餐廳不只是接受胖子而已。「心臟病發燒烤」的確在頌揚肥胖：體重超過350磅（159公斤）的客人可以免費用餐。在餐廳的正中央，大剌剌擺了一個體重計，好讓所有用餐者都可以看到秤出的重量有多少。當體重計上的顧客超過350磅時，餐廳老闆就會大聲說：「請各位以掌聲為他歡呼。你看他笑得多開心，覺得自己終於被大家接受了。他在這

裡絕對不會受到挑剔。」

此外，整體的氣氛還充滿了性感風情。餐廳裡的女服務生都很年輕、苗條，穿著一身窄窄的貼身護士服、過膝長襪，足蹬高跟鞋，緊繃的衣服看起來就像隨時要裂開一樣。

聽起來好像很有趣。

除非發生了什麼沒趣的事。

2011年，「心臟病發燒烤」的代言人，29歲、體重575磅（261公斤）的布萊爾·里弗（Blair River）過世，不是心臟病發，而是因為肺炎。過去，他向來是餐廳的熟面孔，也是餐廳的廣告明星，還是個帶著5歲女兒的單親爸爸。

將近600磅的體重，讓里弗可以免費在餐廳裡大吃大喝。

「心臟病發燒烤」的老闆巴索並沒有否認，這個年輕人的體重超重和他悲劇般的早死之間有所關聯。巴索說：「我雇用他來推銷我的食物，（但他）早逝的生命是因為他超重太多。」諷刺的是，餐廳的標語就是「值得冒死一吃的食物」。

當然，沒有人會逼迫任何人去吃「心臟病發燒烤」，或把自己的肚子塞滿不健康的食物。這是個自由的國度，理論上是這樣的。所以只要我們願意，就有自由把自己吃死。

或許有人會說「心臟病發燒烤」跨過那條線，到了讓人對危險食物上癮的程度。的確，餐廳菜單上的食物，沒有一種可以跟健康扯上關係。就好像顧客可以自己選擇買不買香菸，但要買也只能買沒有濾嘴的那種。牆上明顯張貼著宣傳菜色，比方有8,000大卡的「四重血管繞道漢堡」、純豬油炸的「吃到掛薯條」。或許是開玩笑吧！老闆巴索說：「我們站在跟厭食症對戰的最前線。」

　　然而里弗的死一點都不好笑。而且不把肥胖的後果當一回事是嚴重的錯誤。疾病管制局（Centers for Disease Control and Prevention，CDC）告訴我們，肥胖者面對的高風險不只是心臟病發，還有糖尿病、多種癌症，以及許多其他種類的心血管疾病。

　　「心臟病發燒烤」的老闆巴索，並不打算為里弗的死做任何改變。緊身衣女服務生還是一直鼓勵顧客盡情吃。他以此賺錢，而且認為這個餐廳很好玩。

　　不過，我們（美國）成為史上最肥胖的國家好玩嗎？現在美國有2/3的居民不是過重就是有肥胖症。因此，許多兒童出現了最常見的糖尿病類型，這也使得醫學專家必須更改這個疾

病的名稱，我們以前稱之為「成年發病型糖尿病」，現在則改為「第二型糖尿病」，美國目前有90％的糖尿病屬於這一型，而且在兒童中的發病率正急劇升高。

要指責論斷別人很容易。我們可以怪速食公司對兒童強力推銷不健康的食物，可以怪吃太多的人沒有自制力，怪父母讓小孩吃得不健康。我們可以怪有害成分像轉化脂肪和高果糖，更可以怪現代生活的壓力，讓每個人都對某種東西上癮。

指責的遊戲可以永無止境玩下去，但又能幫助到誰？能幫忙有體重問題的人，讓他們遠離容易生病的情況而且不再感到羞恥嗎？

假如我們從那些費盡心力、千辛萬苦由肥胖邁向健康的人身上好好學習，又會如何呢？

最近，我非常榮幸跟一位年輕女性娜塔拉（Natala Constantine）和她的先生邁特（Matt Constantine）成為朋友。他們已結婚七年半，舉行婚禮時，娜塔拉胖得很不健康。

她了解肥胖者在我們的社會必須忍受的一些辱罵。她已經記不得自己曾有多少次被當眾羞辱，被陌生人喊著難聽的名字，還被那些自以為有權因為她的體重而不把她當人看的人傷

害。

　　人們一再告訴娜塔拉，她很幸運能遇到愛她的邁特，而他一定有什麼過人之處，才能夠不在意她的體重。

　　婚禮過後的一個星期，她被診斷出患有嚴重的糖尿病，血液變得非常酸，因而所有的器官都紛紛停工，連醫生都不確定她還能活多久。那時她才25歲。

　　五年之後，娜塔拉每天都要服用13種不同的藥物以及200單位的胰島素。她吃著許多人所謂的健康飲食：很多動物性蛋白質而且幾乎沒有碳水化合物。有人告訴她高動物性蛋白質的飲食，是她能控制糖尿病的唯一方法，但是對她完全沒用。她每天在健身房運動2-3小時，但157公分左右的她體重還是達181公斤。

　　後來，娜塔拉的右腿受到感染，醫生告訴她必須切除部分的右腿。幸好，那時有位娜塔拉描述為「純素食者而且熱衷瑜伽」的朋友，建議她考慮用自然的方法對抗糖尿病，而且她應該開始以食物為藥。娜塔拉承認那時「我真的很想揍她」。「她怎麼敢提出那麼簡單的建議！難道她不知道我已經在看最好的醫生？在吃最好的飲食？而且我還有在運動！」

然而娜塔拉還是記住了朋友的建議，決定進行她稱之為「百分之百健康的蔬食」飲食。

　　她說：「剛開始的前3個星期，我覺得自己戒掉的好像不只是動物性產品。我在那3星期之前，甚至無法想像自己是如何受到食物控制。我會把車子停在漢堡店門口，一個人坐在車裡哭，只是為了想吃一個鮪魚起士三明治。」

　　這絕對相當難受，但娜塔拉仍然堅持下去，而結果簡直就是個奇蹟。30天過後，她停掉了所有的胰島素。

　　治療糖尿病的醫生看著所有的數據，非常訝異，很想知道她是如何辦到的。「我告訴他們，我採行完全的蔬食飲食。他們似乎一點也不驚訝，而且告訴我蔬食飲食有助於改善糖尿病。我問他們當初為什麼沒有給我這樣的建議，他們說因為不切實際。」

　　她驚駭不已的問醫生說：「你覺得30歲就失掉一條腿很實際嗎？」

　　然後她走出醫生的辦公室再也沒有回去。她回憶：「從那時起，一切都改變了。我慢慢減少正在吃的其他糖尿病藥。我沒有用藥就降低了膽固醇、血壓、改善了荷爾蒙問題。許多糖

尿病患者會失明，但我反轉了眼睛的神經傷害。我腿上的感染完全好了，腳上的關節炎也都消失了。」

現在，娜塔拉幾乎減掉了90公斤、不再吃藥，而且持續邁向她的理想體重，糖尿病則已經完全緩解。我看過她本人，所以可以證明現在的她是你能想像的最快樂、最容光煥發的人。這位小提琴演奏家渾身都散發出喜悅的光芒。

那她的先生邁特呢？當娜塔拉在對抗糖尿病的時候，他也不只是肥胖，而且還苦於嚴重的食物過敏。光是吃一些番茄就足以讓他進急診室。當時，他的食物過敏完全主導了他的人生。那麼，現在呢？進行了百分之百的健康蔬食飲食後，他的改善幾乎就跟他太太一樣驚人。鋼琴演奏家邁特甩掉了41公斤，現在的體重非常健康。至於他的食物過敏也通通都沒有了。

這就是我們所住的世界，不是嗎？一方面，我們有「心臟病發燒烤」，它600磅的代言人年紀輕輕29歲就過世；另一方面，我們有像娜塔拉和邁特這樣的人，選擇走向一條截然不同的道路。

我們所在的這個社會，對肥胖的羞辱相當殘酷。「心臟病

發燒烤」代表了一種回應，讓人可以暫時覺得自己能將羞恥的感覺變成輕蔑。當社會只是指著你、責備你，卻完全否認自己的病態時，你很自然會強烈想要回以中指。

但是，這是一種比較健康的選擇嗎？要不要試著對更多的幸福安康作出承諾，進入性學專家維若妮卡・莫內（Veronica Monet）所謂的「免於羞恥區」（shame-free zone）呢？或是拒絕內化社會的負面訊息，改而建立一個喜悅、自信和美麗的健康生活呢？

戒掉過甜的飲料比方汽水、加味果汁，是個很好的開始。少吃加工食品、多吃天然食物，更是另一種不錯的作法，做做運動的幫助也很大。此外，來自於植物的營養則是越多越好。

若是改吃健康的蔬食飲食，你的身體會在接下來的人生好好感謝你。

跟本文相關的文章在《哈芬登郵報》（*Huffington Post*）發表之後，我接到許多來信，告訴我關於他們的減重經驗。以下是其中兩封讓我看了相當開心的信。蓋瑞・鮑爾森（Gary Paulson）寫道：

剛好讀到你在《哈芬登郵報》的文章，我想花點時間告訴你，這篇文章真是有趣又能增廣見聞。我最近才剛經歷減重大戰，在低卡、高蛋白的蔬食飲食幫助下，成功減掉了200磅（91公斤）。在你的文章裡，我最喜歡的一點是，你試圖超越無止境的責怪遊戲，開啟一個關於美國現在面臨的肥胖危機可以如何解決的誠實對話。更重要的是，你的作法很有人性，而且對於那些正為體重問題煩惱的人以及伴隨肥胖而來的所有污名都很審慎。

演員兼歌手凱特‧查普曼（Kate Chapman）以往只能演「胖女人」的角色。現在，減掉大半重量、體型只有以前一半的她，更有精力去做一場又一場的表演，舞蹈也能夠從開場一直跳到尾聲。現在的她，正在進軍百老匯。她寫道：

非常謝謝你今天在《哈芬登郵報》發表的文章。我也是藉著以蔬食為主的飲食，徹底改善肥胖問題。這是我四十年來，第一次不需要跟體重奮戰。3年前，我減掉了100磅（45.4公斤），而且不太費力就能維持不復

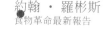

胖。我很感謝你把你所做的都寫出來。去年我到鳳凰城工作時，見識了「心臟病發燒烤」這家店。那時我就感到非常難過，而現在我更難過了。謝謝你幫忙宣傳與過重奮戰、重獲健康，希望這真的可以幫助別人去過一個更健康、更快樂，而且更沒有阻礙的人生。或許，如果所有的人都一起努力，我們就很有機會可以改變現狀。

7 瘦瘦的草飼牛

　　現在有許多人被動物在工廠式農場和飼育場中的惡劣待遇給嚇到，而且也想要降低生態足跡❶，於是便不斷在尋求其他更健康的選擇。因此，放牧飼養的動物成了一股新趨勢。前素食者、《舊金山紀事報》（*San Francisco Chronicle*）專欄作家馬克·莫福特（**Mark Morford**）說，他現在吃肉，但是只選擇「吃草，而且盡可能以永續經營的有機方式，虔敬、心懷感激的少量飼養的動物」。

　　吃草且有機的牛肉銷售量，目前正快速攀升。10年前，美

譯註

1　生態足跡（Ecological footprint，EF），加拿大學者Rees & Wackernagel 於1994年提出人類對地球生態系與自然資源需求的分析衡量方法，稱之為生態足跡。這個方法可計算出人類加諸於地球的壓力。亦即計算某地區人口所消費或處理廢棄物所需的土地或水域面積，即可換算出該地區人的生態足跡。生態足跡的大小，可用以呈現人類加諸於環境的負荷壓力。（參考國科會高瞻自然科學教學資源平台http://case.ntu.edu.tw/hs/wordpress/?p=31248）

國只剩下大約50家放牧吃草的牧場，現在則增加到數以千計。

這會造成多大的不同呢？吃草真的比較好嗎？好在哪裡、有多好呢？

如果你繼續讀下去，就會發現為什麼我會判定吃草真的比較好。將肉牛養在飼育場、餵食穀物，真的是西方文化史上最愚蠢的主意之一。

家畜（羊、鹿和其他牧場動物）有能力將人類無法消化的草轉換成人類可以消化的肉。因為牠們會反芻，不像人類的胃只有一個，牠們擁有的第二個胃叫做瘤胃，是個容量大約有45加侖（170公升）的發酵槽，存在裡面的細菌能將纖維素轉換成蛋白質和脂肪。

但是在現代飼育場裡，餵食的是玉米和其他穀類，這些東西人類也能吃，而且動物吃這些飼料的換肉率很低。因為7-16磅（3.2-7.3公斤）的穀物，只能產生1磅（454公克）的飼育場牛肉，所以我們實際上得到的食物比投入的少很多。這根本是一間倒貼的蛋白質工廠。

然而我們卻大規模的這麼運作，在此同時，地球上有將近10億人口沒有足夠的食物可吃。

飼育場的實況

為什麼有這麼浪費的系統存在呢?飼育場和其他監禁式動物飼養場(Confined Animal Feeding Operation,CAFO)並不是農業進展的必然產物,也不是市場壓力的結果。它們其實是公共政策的產物,政策大力偏袒大型飼育場,而讓家庭式農場受到折損。

舉例來說,從1997年到2005年,納稅補助的穀物價格,讓飼育場和監禁式動物飼養場省下了大約350億美元。這項補助金額相當龐大,因此大大減少了監禁式動物飼養場花在動物飼料上的費用。然而,以放牧方式把動物養在牧草地的牧場,完全沒有從中得到任何好處。

聯邦政策撥上億經費處理監禁式動物飼養場的污染問題,但會有這些問題發生,都是因為在小小的區域裡監禁了太多動物 —— 通常都有好幾萬隻。在放牧場飼養家畜的小型農場,根本就不會出現這樣的問題。如果飼育場和其他監禁式動物飼養場為了環境健康,必須自己花錢處理動物廢料,也就是如果他們得花錢預防或清理所製造的污染,他們今天就不可能主宰了美國肉品工業。諷刺的是,我們的農業政策卻要求納稅人替

他們支付帳單。飼育場和其他監禁式動物飼養場的大行其道，都是從大眾身上剝削而來的。

傳統上，所有的牛都吃草，不過我們完全顛覆了這件事。現在，由於誤導性的政策，我們吃的牛肉幾乎全都來自飼育場。

因為政府的補助，一切變得更便宜也更快速。70年前，肉牛要等到4或5歲才能宰殺。而現在因為穀物讓牠們生長迅速，所以當牛還很小，通常14-16個月大，就可以屠宰。

所有肉牛在出生後的前幾個月都會養在牧草地或放牧場，讓牠們吃些青草或紫花苜蓿類的牧草。但是之後，幾乎所有的牛都被送進飼育場吃穀物養胖，業界喜歡稱之為「育肥」（finished）。如果光是吃草，你無法讓一頭小牛從出生時的80磅（36.3公斤），在一年多長到1,200磅（544.8公斤）。要讓體重非自然的快速增加，需要耗費相當大量的玉米、黃豆蛋白補充品、抗生素以及其他藥品，包括生長荷爾蒙。

在現今的農業政策下，為了經濟的考量而讓牛從吃草改吃玉米，嚴重擾亂了動物的消化系統。事實上，如果沒有依序漸進，而且如果沒有持續餵食抗生素，這種做法很可能導致動物

two

死亡。

作者（暨小型牧場業者）邁可・波倫（Michael Pollan）描述了牛隻被帶離牧草地、關入飼育場餵食玉米會出現的情況：

吃玉米的反芻動物可能發生的最嚴重問題是脹氣。瘤胃一直在製造大量的氣體，而這些氣體通常在反芻過程中打嗝排出。但是當飲食裡有太多的澱粉卻沒有足夠的粗食品時，反芻會幾近中止，瘤胃裡的一層泡沫狀黏液會留住胃裡形成的氣體。因此瘤胃會膨脹得像個氣球，擠壓到動物的肺。除非能立即採取某些行動來釋放壓力（通常是將軟管強制塞入動物的食道），不然動物就會窒息。

吃玉米也可能讓牛酸中毒。瘤胃的正常PH值是中性，跟我們的高酸性胃不同。然而玉米會讓胃不自然變酸，造成牛的某種胃灼熱，在某些情況下有可能造成動物死亡，但通常只是讓動物生病。酸中毒的動物會沒有食欲、過度氣喘和大量流口水、抓搔自己的腹部，還會吃

約翰・羅彬斯
食物革命最新報告

土。這些情況可能導致腹瀉、胃潰瘍、脹氣、肝臟疾病，而且通常會削弱免疫系統，使得動物很容易染上肺炎或飼育場麻痺症等各種疾病。

將肉牛養在飼育場並且餵食玉米，不只是不自然、危險，還會為我們帶來許多嚴重後果，無論我們有沒有吃牛肉。飼育場的牛一直被定期餵食抗生素，這會直接、殘酷的導致細菌發展出抗藥性，這些新型的「超級細菌」正逐漸讓用於治療人類疾病的抗生素失去效用。

此外，肉品工業將牲畜養在飼育場並餵食穀物這件事，是致命的出血性大腸桿菌（E. Coli 0157:H7）盛行率提高的原因。餵食穀物會讓牠們的腸道變得非常酸，因而相當適合致病大腸桿菌的生長，這種細菌有可能讓吃下未熟漢堡肉的人死亡。

出血性大腸桿菌其實直到最近才受到人們注意，許多人都不太了解。初次發現是在1980年代，然而這種病原現在幾乎在美國所有飼育場家畜的腸子裡都能找到。更鮮為人知的是，讓家畜吃玉米和其他穀物，為多種大腸桿菌和其他微生物──

可能而且會殺了我們 —— 創造了絕佳的生存環境。

在飼育場還沒出現以前，寄宿在牛隻腸道裡的微生物適應了酸鹼中性的環境。因此，如果它們進入肉裡通常不會造成太大的問題，因為這些微生物在人類胃裡的酸性環境會被消滅。然而現代飼育場動物的消化道已經改變，幾乎跟人類的一樣酸。在新的、人造的環境裡，大腸桿菌和其他病原的品種已發展成可以在我們的胃酸裡存活，進而殺死我們。誠如波倫所說：「因為玉米讓牛的腸子變酸，所以我們已經破壞了食物鏈的感染屏障。」

吃玉米 vs. 吃草：營養、味道以及環境

許多人認為吃玉米的牛肉營養成分較高，其實不然。吃玉米確實能讓牛長出肥瘦均勻的肉，但全都是些無法消除的飽和脂肪。另一方面，吃草的牛肉，總脂肪以及會阻塞動脈的飽和脂肪都比較低。比方，同樣大小的沙朗牛排，吃穀類的飼育場牛肉總脂肪是草飼牛的2倍以上。然而諷刺的是，美國官方有機標章（USDA）一直以獎勵肉的脂肪紋路來評比牛肉等級。

草飼牛不只含有較低的總脂肪與飽和脂肪，還具有其他好處，像是提供Omega-3含量更高的脂肪。這些重要的健康脂肪

約翰．羅彬斯
食物革命最新報告

在亞麻籽和魚類中相當豐富，而且在核桃與黃豆中也找得到，另外在吃富含Omega-3的草的動物肉裡也有。然而當牲畜被帶離草地、送往飼育場，以穀物養胖時，牠們會立即失去貯存在組織裡的Omega-3。來自草飼牛的牛排，內含的Omega-3是吃穀物的2倍左右。

除了有較高的健康Omega-3，吃草牲畜的肉中含有的維他命E也比飼育場牲畜多了4倍，另外還有相當豐富的共軛亞麻仁油酸（CLA），這種營養成分跟降低癌症風險有關。

Omega-3含量較高以及其他脂肪酸組合的差異，確實是草飼牛的營養優勢，然而卻伴隨著口感不佳的代價。因為這些差異造成了草飼牛讓某些人不喜歡的口味和氣味，試過味道的人發現，吃草動物的肉：「有異味，像是阿摩尼亞、腥羶味、苦味、吃起來像肝、肉很老，還有些腐臭和酸味。」

就連販售草飼牛的人都承認的確如此。紐約金士頓「弗萊雪的草飼牛和有機肉」（Fleisher's Grass fed and Organic Meats）的老闆約書亞‧艾柏東（Joshua Appleton）說：「草飼牛的味道組成，對於靠玉米飼牛養大的國家來說很難接受。」

不同於飼育場的牛，放牧場上的動物可以四處走動。運動會造成肌肉張力，結果就是讓牛肉比一般人喜歡的更有嚼勁。草飼牛不會讓你有「融在嘴裡」的感覺，有違現代愛吃肉的人所追求的口感。

　　除了一些營養優點，草飼牛也對環境有益。根據專門研究農業和能源的康乃爾大學生態學家大衛・皮門特爾（David Pimentel）所說，我們用以餵食飼育場牲畜的玉米，耗去的石化燃料能源多到難以想像。因為種植這些餵食家畜的玉米，需要使用大量的化學肥料，相對的就需要大量的石油。皮門特爾說就是這種對石油的依賴，讓一頭普通肉牛實際上在一生中會消耗 1,075 公升的石油。他說：

> 我們成功的將牛肉工業化，將原本使用太陽能的反芻，
> 轉換成我們最不需要的東西：另一台石化燃料機器。

　　除了消耗較少的能源，草飼牛還對環境有其他好處：減少許多污染。在放牧場上，動物的糞便直接滲進土地，變成下一輪農作物的養分。但是在飼育場和其他形式的工廠式農場中，

動物的排泄物大量堆積，變成難以估計的水和空氣污染源。

　　從人道的觀點來看，放牧場動物產品還有另一項優點：動物本身沒有被迫住在監牢裡。現代工廠式農場經營的殘酷事實顯而易見，你不必身為素食主義者或動物權利運動者，都能發現情況多麼難以忍受，以及人類和動物之間的聯繫如何被嚴重破壞。放牧場上的動物無須被迫忍受工廠式農場經營的悲慘生活。牠們沒有被監禁在只比自己的身體大不了多少的籠子裡，或連續好幾個月像沙丁魚般擠在一起，默默站在自己深及膝蓋的糞肥中。

吃草不等於有機

　　請你一定要記住，有機並不等同於吃草。生機飲食店通常會販售沒有荷爾蒙和抗生素的有機牛肉和有機乳製品。這些產品出自於餵食有機穀類的動物，但通常牠們的大半人生 —— 或有些乳牛是一輩子 —— 都是住在飼育場裡。悲慘的現實是，幾乎所有美國販售的有機牛肉或有機乳製品都來自飼育場。

　　就像有機並不代表吃草，吃草也不一定就是有機。有時，牧場動物吃的草地會使用合成肥料，甚至是除草劑。除非肉品

標示上有特別同時強調吃草和有機，否則就不是。

於是，常會有所謂的「漂綠」（greenwashing）行徑出現，這種公關努力的目標，在於誤導大眾認為公司的政策和產品有社會責任，但實際上根本沒有。有個實例是位於加州佛雷斯諾郡（Fresno County）的大型哈里斯公司農場（Harris Ranch）飼養的「優質天然」牛肉，他們的牛肉在洛磯山脈西部的健康食物商店裡都有販售。這家公司聲稱他們的「優質天然牛肉」是「在品質、安全和消費者信心的最前線」。

然而就連哈里斯公司農場的發言人布雷德‧柯迪爾（Brad Caudill）都承認，在現今USDA的規定下，「自然」這個名詞沒有什麼意義。哈里斯公司農場的牛，是在加州中央山谷一間有10萬頭牛的飼育場裡養胖，而且餵食的飼料也不是有機栽種。哈里斯公司農場的「優質牛肉」，跟典型飼育場產品的唯一不同之處在於，他們飼養動物時沒有使用荷爾蒙，或在飼料裡添加補充抗生素。儘管行銷上說得天花亂墜，但他們的產品既不是有機、也沒有吃草。哈里斯公司農場還有一條產品線是有機牛肉，不過那些肉牛還是養在過度擁擠和骯髒污穢的飼育場裡。光是一個籃球場大小的圍欄裡，就住著100頭體重從

約翰‧羅彬斯
食物革命最新報告

700-1,200磅（317.8-544.8公斤）的牛。

黑暗面

草飼牛確實有許多優點，不過通常比較昂貴，但我一點也不覺得有什麼不好。我們本來就不應該吃那麼多肉。

然而，就算是餵牛吃草，還是有黑暗的一面。飼養吃草的肉牛需要許多牧草地。西部的牧場雖然廣大，但是沒有廣大到足以供養美國的一億頭牛。草飼牛不可能餵得飽美國人對肉類的胃口，更別說在解決世界飢荒上能扮演什麼角色。草飼牛在紐西蘭這類國家或許可行，因為地理隔離、氣候和地形獨特，而且人口稀少。然而在一個有70億人口的世界裡，草飼牛恐怕只能是有錢菁英才吃得起的食物。

如果我們想辦法飼養大量的草飼牛又會如何呢？在巴西曾做過這樣的嘗試，結果竟是場環境的浩劫。2009年，綠色和平組織發表一份〈屠殺亞馬遜〉（Slaughtering the Amazon）的報告，內附詳細的衛星照片，顯示亞馬遜的牲畜現在是全球森林砍伐的最大單一因素，全球溫室氣體的20%由其產生。就連巴西政府（其政策已讓巴西成為全球最大的牛肉出口國以及最大的商用牲畜群產地）都認知到，牧場要為亞馬遜的森林砍伐

負80%的責任。剩餘的20%土地，則多數用在種植黃豆，但這些黃豆也不是用來製作豆腐，而是銷售到中國大陸作為牲畜飼料。

亞馬遜的牲畜都放養、吃草，也可能是有機，但牠們仍然是地球上的瘟疫，而且也是全球暖化的幕後黑手。

時髦的消費者多半認為草飼牛比較環保，而且不會有工廠式農場生產的牛肉出現的問題。然而，草飼和飼育場牛肉產品，都對全球氣候變遷有重大的影響。原因是牠們都會釋放出兩種強力的溫室氣體：甲烷和一氧化二氮。

繼二氧化碳之後，最讓地球氣候不穩定的氣體就是甲烷。事實上，甲烷作為溫室氣體的強度是二氧化碳的24倍，而且在大氣層裡的濃度還上升得更快。現在大氣中的甲烷濃度變成一世紀前開始上升時的3倍，主因就是牛肉產品。放牧場上的一隻動物，實際上比一隻飼育場動物產生更多的甲烷。因為吃草動物的體重增加得較慢，所以每頭牛產生的甲烷排放時間更長。

同時，生產1磅的草飼牛肉，就跟生產1磅的飼育場牛肉所排放的一氧化二氮一樣多，有時因為吃草而體重增加得較

慢,所以甚至還會排放得更多。這些排放物不只刺激全球暖化,還會使土壤酸化、降低生物多樣性,並且縮小保護地球的臭氧層。

更讓人心寒的嚴酷現實,是美國的牲畜放牧已經使環境遭到損害。儘管幾乎所有美國肉牛的大半生涯都住在飼育場,但美國西部70%的土地目前都用來放牧牲畜。蒙大拿州、懷俄明州、科羅拉多州、新墨西哥州、亞利桑那州、內華達州、猶他州以及愛達荷州,3/2以上的土地都是牧場。在美國西部,差不多每一分可用來放牧的土地,都已經利用殆盡。結果不是太妙。誠如某位環保作家所寫:「西部的牲畜放牧比其他的土地使用,污染了更多的水、侵蝕了更多的表土、扼殺了更多的魚類、取代了更多的野生動物,而且破壞了更多的植物。」

在現今畜牧系統的衝擊之下,西部牧場已受到嚴重破壞,在此系統中,牲畜住在放牧場的時間通常只有6個月,剩下的生命都是待在飼育場。但如果要在牧場上把牛養到可以賣的重量,每頭牛吃草的時間就不只6個月,而是要好幾年,這對西部生態系統的傷害又多了好幾倍。

USDA納稅資助的動物損害控制(Animal Damage

Control，ADC）計畫建立於1931年，目的只有一個：消滅、抑止和控制被視為有害西部畜牧產業的野生動物。反對者大聲抗議，他們諷刺ADC是「家畜死光光」（All the Dead Critters）以及「援助依賴的牛仔」（Aid to Dependent Cowboys）。

1997年，聯邦政府聽從公共關係與形象顧問的建議，將ADC重新命名為「野生服務」（Wild Services）。之後，他們提出新的標語：「與野生動物共存」。

然而，該機構並沒有真正跟野生動物「共存」。他們實際上做的，是把任何可能威脅牲畜或與之競爭的生物通通殺掉。他們使用的方法有下毒、獵捕、誘捕、趕進洞穴，以及空氣槍射擊。「趕進洞穴」的作法是政府幹員將煤油倒入洞穴，然後放火燒巢穴裡的幼獸。

被野生服務幹員刻意殺掉的各種動物有獾、黑熊、山貓、土狼、灰狐、紅狐、美洲獅、負鼠、浣熊、條紋臭鼬、海狸、河鼠、豪豬、土撥鼠、燕八哥、牛背鷺以及掠鳥等。而在無意中被殺害的動物則有當地的狗和貓，以及數種遭受威脅和瀕臨絕種的物種。

「野生服務」計畫刻意殺害的野生動物，每年總計超過150

萬。執行這項計畫所花的費用是公共經費,但保護的卻是牧場經營者的私人經濟利益。這些經營者在公共土地上放牧牲畜,卻幾乎沒有為所享的特權花一毛錢。

西部土地與野生動物為牲畜放牧所付出的代價難以估計。若悉心認真的經營牧場,確實有可能降低損害,但大量生產草飼牛只是讓這一切雪上加霜。保育人士和作家艾德華‧艾比(Edward Abbey)於1985年在蒙大拿大學對畜牧業者的演講中說道:

> 西部,特別是西南部的多數公共土地,或許都會被你們稱做「被牛耗盡」的土地。幾乎不管你走到美國西部的哪裡,你都會發現一大群的牛……牠們是害蟲也是瘟疫。污染了我們的泉源、小溪與河流;寄生在我們的峽谷、山谷、草地和森林;吃掉了土生土長的各種牧草和草本植物,留下亂七八糟的仙人掌果。牠們踐踏了本地的草類、灌木和仙人掌;散播了外來草種,像雀麥草、俄國薊和冰草等。即使牲畜沒有真正出現,你仍然可以看到蒼蠅和牠們的糞便,還有泥濘、塵土以及常見的破

壞。就算你什麼都沒有看見，還是可以聞到一些。整個美國西部都是牲畜的臭味。

　　對消費者而言，草飼牛肉確實比飼育場牛肉健康，對於環境或許也稍微健康一些。然而，即使比較結果較好，還是很難得到全力的支持。儘管草飼牛和其他放牧動物產品的優點多於工廠式農場和飼育場的產品，但請千萬記住，工廠式農場和飼育場的產品絕對只是一場災難。幾乎所有一切都需要加以改善。

　　這讓我想到牧農協會分發給學校的小手冊。冊子中比較了漢堡和其他常見食物的實際營養，製造出漢堡表現優異的假象，因為跟表列的競爭者相比，漢堡的每一項營養都比較高。此外，競爭者還含有較多的糖。在這場比賽中，漢堡聽起來好像真的是健康食物。

　　然而，這場競爭的結果其實不難想像，因為對象是一瓶354c.c.的罐裝可樂。

　　將草飼牛肉與飼育場牛肉相比，情況就有點類似。草飼牛比較健康、人道，也比較能讓環境永續經營，至少某種程度是

如此。總體而言，確實是比較好。如果你要吃牛肉，它是最佳的選擇。

但我不會失心瘋的認為，草飼牛肉越多越好。草飼牛肉的飽和脂肪還是不低（儘管沒那麼高），膽固醇也高，而且沒有纖維素和其他多種必需營養素。這些肉類還是來自食物鏈的上層，因而通常含有較高濃度的環境毒素。

屠宰場

當你想像牛在吃草的時候，或許腦中浮現的是一幅田園風光，牛群在牧草地上開心的大口嚼著牧草。這個畫面確實是認同和販售這些產品的人希望你保有的印象，其中也確實存有某些事實。

但是，這只是故事的一部分。在討喜的畫面中少了一點什麼，一些在真實世界中無法免去的部分。草飼牛不是從那片綠草地直接送到你的餐桌上，還是要經過屠宰場，才會來到你家。

相較於監禁在工廠式農場和飼育場裡的動物，吃草家畜活著時，過得比較人道、自然，然而死亡時，兩者都一樣的恐怖和殘酷。如果牠們被送到傳統的屠宰場 —— 實際上多數都

是如此，牠們就跟飼育場動物一樣，在完全清醒的情況下活生生被剝皮，而且為了方便宰殺，在牠們還沒斷氣之前腳就被砍掉。令人痛苦的事實真相，時時刻刻都在全國各地的肉類加工廠血淋淋上演。正視現代屠宰場的殘酷現實，對於只想到牛群在田園悠閒吃草的人來說，可能是讓他們看清楚故事全貌的嚴厲提醒。

想像

　　減輕這些負面衝擊的一個方法是少吃肉，或者乾脆通通不要吃。如果整個社會都少吃點肉，世界確實會變得更光明、美麗。例如，請想想全球暖化的影響。巴德中心（Bard Center）的地球物理學家紀登・埃胥爾（Gidon Eshel）、芝加哥大學的地球物理學助理教授帕米拉・瑪汀（Pamela A. Martin）都計算過，如果美國人的牛肉食用量減少20%會有多少好處。結果所減少的溫室氣體排放量，就跟我們把汽車和卡車都換成油電混合車所減少的排放量一樣多。

　　如果我們少吃肉，美國西部的多數公共土地都可以被更有價值、更永續的使用。美國西部的天氣多數是晴朗多風，可以用來設置大型太陽能和風力發電設備。土地上沒有了牲畜，太

陽能組件和風車可以在不污染，或不造成環境破壞的情況下，生產大量能源。其他地區可以種植能製作生質燃料的草，提供比石化燃料更少污染的能源。其中的多數土地可復原、再次成為重要的野生動物棲息地。復原被牛耗盡的土地，將有助於農村經濟復甦，同時也能使地球的生態系統恢復生命力。

8 工廠式農場是否正
變身為生化武器工廠？

　　現代工廠式農場經常用來增加牲畜體重的一項技術是，在
動物的每頓飼料裡都加入抗生素。所以，動物腸子裡受藥物影
響的細菌通通會被殺死。

　　問題是，動物的腸子裡完全沒有了微生物，任何對抗生素
發展出抗藥性的細菌，就具備了絕佳的競爭優勢。你若是以培
養抗生素無法控制的細菌為目的，設計出來的系統還不見得比
這個更加有效。於是悲慘的結果是，工廠式農場在無意間製造
了或許可媲美優良生化武器的病原。

　　抗生素拯救了數以萬計的生命，所以抗生素的發現，是
醫學史上的重大成就。然而，就連第一個發現盤尼西林的亞
歷山大・弗萊明爵士（Sir Alexander Fleming）都曾提出警
告，過度使用會導致細菌產生抗藥性。事實上，目前這種藥物
已經嚴重過度使用，因此出現越來越多令人擔憂的後果。今
年（2012），有7-10萬的美國人會死於感染，而這些感染原本

使用普通的抗生素就能治癒。有種抗藥性病原 —— 抗藥性金黃色葡萄球菌（methicillin-resistant Staphlococcus aureus，MRSA），目前在美國造成的年度死亡人數比愛滋病還高。

意識到這樣的問題後，畜產業卻將責怪的矛頭指向醫院過度使用抗生素，而且還相當理直氣壯。現今美國醫院使用的抗生素總量，比50年前多了好幾百倍。因為抗藥性細菌越來越多，所以醫院只得以更高的劑量並使用更多的抗生素因應，特別是那些用途廣泛的類型。然而，儘管這些藥物在醫院、診所、醫師、各個機關和其他醫療院所的使用量大幅提升，但工廠式農場使用的抗生素還是全美使用量的最大宗。

根據USDA的統計，美國的抗生素使用只有20%用於幫助人類治療疾病。其他的80%，也就是真正的多數，則是用在美國的牲畜，主要目的在於彌補工廠式農場經營非自然與不健康的環境。結果工業式畜牧系統不只生產了現代肉品，也變成了製造抗藥性細菌的工廠。當然，這項產品完全是意料之外，然而卻不會因為在預期外而減少一絲不良後果。

目前國會正在考慮一項法案，企圖拯救抗生素的剩餘活性，此項法案是H.R.1549，也就是「保護抗生素之醫療用途

法案」（Preservation of Antibiotics for Medical Treatment Act）。法案由紐約州民主黨參議員路易斯‧斯勞特（Louise Slaughter）提出，目的在禁止多種抗生素常態性用於動物飼料中。

法案並沒有禁止使用這些藥物治療生病的動物，但是不能將藥物常態性的施加在健康動物身上以「促進成長」。牲畜被監禁在籠子裡才需要用到抗生素，而工廠式農場就完全得仰賴藥物才能繼續經營。

現代肉品工業的代表爭辯說如果動物沒有固定餵食抗生素，患病率可能會提高，因而必須使用更多的抗生素來治療生病的動物。但是這種情況只有在完全不改善過度擁擠的飼養空間、缺乏基本公共衛生，以及其他典型的工廠式農場所具有的不健康環境條件才可能發生。

農地政策抗議者及藥廠都群起攻擊 H.R. 1549 法案，因為他們知道法案一旦實施，大型集中監禁式的畜牧業就會失去重要支撐。他們想保留權利，希望可以繼續廣泛使用藥物，即便這種行為已一再證實會造成細菌產生抗藥性，危害人類健康，並且導致疾病難以、甚至無法治療。

約翰 ‧ 羅彬斯
食物革命最新報告

病理學家暨世界衛生組織顧問傑佛瑞・費雪（Jeffrey Fisher）博士解釋了問題會演變得多麼嚴重：「這個鐘擺，早在1930年代就難以置信的開始擺動。醫院一再處於危機之中，不知該如何面對無法治療的傳染病，如肺炎、結核病、腦膜炎、傷寒以及痢疾。」

或許你想知道畜牧業如何努力、設法保衛他們目前實施的作法？其實並不容易，但他們好像總是能找到方法。如果「否認」是奧運的比賽項目之一，近期他們在國會聽證會上的發言人 —— 伊利諾州的共和黨參議員約翰・辛庫斯（John Shimkus）絕對有贏得金牌的實力。他宣告：「截至目前為止，用在動物身上的抗生素，跟在人類身上發展出抗藥性的細菌完全沒有關聯。」

我不想拆穿辛庫斯參議員的說法，但有關畜牧業常態性使用抗生素的科學研究，多年來都一致同意是造成細菌抗藥性的主因。以下這個歷史小故事，或許可以給這位國會議員上一課。

1989年，隸屬國家科學院（National Academy of Science）的醫學學院（Institute of Medicine）表示，工廠式農場使用抗

生素要為細菌的抗藥性負起責任，這項行為嚴重損害藥劑保護人類健康的能力。3年後，醫學學院又提出多重抗藥性細菌現在已成為嚴重的醫療考量。醫學學院直接了當的把責任歸咎於監禁式動物飼養、也就是工廠式農場的門檻。

1997年，世界衛生組織呼籲禁止常態性餵食牲畜抗生素。一年之後，《科學》（*Science*）期刊將肉品工業稱為「致病細菌發展出抗藥性的幕後黑手」。1998年，疾管局（CDC）發出強烈指責，說嚴重的沙門氏菌已對5種以上的抗生素產生抗藥性，這都要歸咎於牲畜飼養上非醫療必需的常態性抗生素使用。

那時，許多國家包括加拿大、英國、荷蘭、瑞典、芬蘭、丹麥、德國和其他歐洲國家都禁止了常態性餵食牲畜抗生素。至於美國，也在國會一再提出議案要求跟進，但肉品工業的遊說動作卻成功阻止議案成為法律。

現在，H.R. 1549法案又再次提出同樣問題，但肉品工業還是持堅決反對態度。然而賓州的共和黨員提姆・墨菲（Tim Murphy）承認，科學輿論已愈趨清楚。他在國會聽證會上說：「過去30年來的多數證據都指出，動物飼料裡常態、低劑

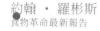

量的抗生素使用，與人類身上的抗藥性細菌有所關聯。」

墨菲說，在美國所有與醫療照護有關的感染之中，有70%至少對一種抗生素有抗藥性，這點已讓國家的醫療照護系統每年得花費500億美元。

CBS晚間新聞主播凱蒂‧庫瑞克（Katie Couric）近期以此製作專題報導，提到：「本週在國會山莊，評論家們憂心施予牲畜非醫療必要的抗生素，可能會製造出危險、抗藥性的細菌，而這些細菌也有可能傳染到人類身上。」

可以想見，肉品工業對庫瑞克小姐的報導相當反感。

牛肉業者的發言人生氣的說：「喔，凱蒂小姐，你真的當過記者嗎？還是只不過一直想當記者卻老是不成氣候。」他把她的報導稱為「獵殺女巫」，企圖誤導觀眾她在「反對健康的農場動物」。

但是一提到否認的功力，你就真的不得不佩服美國全國牧農牛肉協會。他們完全不受舉世所有公衛專家和公衛組織的結論所影響，鎮定的告訴我們：「畜牧業使用抗生素，對於產生抗藥性問題的影響力相當小。」

相當小嗎？疾管局的流行病學家佛瑞德里克‧安格魯

（Frederick J. Angulo）博士可不是這麼說的。他說：「公共衛生已有了統一的結論，對於食物傳染的病原具抗藥性是從何而來，完全沒有爭議。原因就是在牲畜身上過度使用抗生素。」

然而，現代肉品工業的影響力真的無與倫比，所以H.R.1549法案不太可能變成法律，甚至可能連委員會都過不了。這真是令人羞愧。2011年，疾管局副局長阿里・可漢（Ali Khan）博士在國會上提到，證明畜牧業使用抗生素會製造抗藥性細菌的證據，都「相當明確而且令人信服」。

沒有了法律，我們只剩下FDA「力勸」工業要自發的限制抗生素的使用量。然而，如果肉品生產者覺得跟仍繼續使用的人相比，會失去競爭優勢，當然就不可能縮減藥物使用。在此同時，細菌會持續發展出抗藥性，而我們也越來越無法抵抗威脅生命的疾病，因為我們可能再也無法成功的治療這些病。

畜牧業廣泛使用抗生素，確實讓工廠式農場微幅提高產量和利益。但美國人是否真的認為工廠式農場經營的微小收益增加，比最重要的醫療工具的未來可行性來得重要呢？

9 貪婪＋沙門氏菌＝死亡二重奏

　　美國雞蛋產業多年來一直告訴我們，沙門氏菌的爆發跟把母雞關進一層層小到不能展翅的籠子裡沒有關係。長久以來，他們一直是走這樣的路線，以至於現在可能連自己都開始信以為真。2011年，美國主要的雞蛋產業貿易協會一如往常的宣布，住籠子的母雞對「食品安全比較好」。

　　目前美國的雞蛋有95%以上來自籠養母雞，而沙門氏菌則每年讓超過100萬的美國人生病。這不僅僅是個學術上的爭議。沙門氏菌會毒害人體，造成難以處理的痛苦疾病，有可能讓老人、小孩和免疫系統虛弱的任何人致死。

　　或許你聽說過，一直以來我們身邊一再發生因為問題雞蛋而造成一連串的沙門氏菌爆發。近期，在短短的兩個星期內，已回收了5億多顆蛋。然而工業代表又再一次主張，問題完全跟母雞一生都關在幾乎動不了的籠子裡無關。他們說任何持反對論調的人，都可能是有秘密計畫的動物權利狂熱份子。

但是，請等一下。專業期刊《雞蛋產業》（*Egg Industry*）的總編輯，顯然不是人們所謂的動物權利保護者。對於產業認為活的禽鳥擠在小小籠子裡與公共衛生無關的態度，他的意見是什麼呢？最近他寫道，這樣的主張「無效……沒有說服力、不能忍受，而且很容易被反駁。」

雖然他的評論可能不受雞蛋大亨們的歡迎，但事實上，這些評論完全正確。過去5年來，已有9項關於這個議題的科學研究發表在同行評審的期刊中。每一個研究都發現，監禁在籠子裡的母雞所生的雞蛋，沙門氏菌含量的比例越來越高。

2010年，一篇發表在《世界家禽》（*World Poultry*）雜誌的文章，巧妙的命名為「在籠子裡蓬勃發展的沙門氏菌」（Salmonella Thrives in Cage Housing），內容提到籠養母雞所生的蛋，帶有沙門氏菌的危險越來越高。

美國人道協會（Humane Society of the United States，HSUS）最近開始進行一項廣告活動，內容指出近期大型回收的上億顆雞蛋，每一顆都是出自住在擁擠籠子裡的母雞。廣告提到，強迫蛋雞終生住在小小籠子的飼養方式，不只有動物福利的疑慮，還涉及公共衛生的問題。也就是說，將雞養在幾乎

寸步難行的小籠子裡，不只是不人道，還會威脅到公共衛生。

我們應該對HSUS的說詞感到懷疑嗎？當然，這個團體基本上是個動物保護組織。但是，我們是否因此就以為他們在扭曲事實呢？根據發表在《美國流行病學期刊》（*The American Journal of Epidemiology*）的研究，我們知道美國人道協會所言不假。此項研究指出，只要換成非籠養的生產系統，雞蛋工業就有可能讓美國人因問題雞蛋而感染沙門氏菌的機會降低50％。

你覺得雞蛋工業會如何面對這一切？他們是否害怕要為自己受污染的產品，對人類健康付出金錢的代價？這倒不見得，因為他們已經安心知道，目前制訂的美國食物安全系統並不是在保護公共衛生，而是在保障農業綜合企業免去這些責任。

所以，何必破壞現狀？

除非是現狀已經遭到破壞。自2012年1月起，歐盟各地都禁止將蛋雞養在籠子裡。至於美國，加州和密西根州已經通過法律，分階段停止監禁雞籠的飼養方式。在加州，史瓦辛格州長簽署了一項議案，要求到2015年時，州內販售的所有雞蛋都必須是非籠養雞蛋。此外，其他幾州也正在考慮類似的法

規。

　雞蛋工業為現狀辯護的方法，是恐嚇大眾若以更好的方式生產比較健康的雞蛋，雞蛋的價格將會驚驚漲，這表示窮人將更容易營養失調。這是個有力的論點——除非這不是事實。如果你把經濟因素考慮進去，非籠養雞蛋零售價格的漲幅，每顆大約只增加1美分（約台幣0.3元）。

　這就是為什麼許多大型速食企業（包括漢堡王、Subway潛艇堡和溫蒂漢堡）以及零售商店（例如Trader Joe's、Safeway和沃爾瑪公司）各有不同等級的承諾要購買或販售非籠養雞蛋。這也是為什麼大型的食物企業，像聯合利華飲食策劃的品牌、每年使用3億5千萬顆雞蛋來製作美乃滋的Hellmann's（在美國西部叫做Best Foods），宣布他們將百分之百使用非籠養雞蛋。

　美國的麥當勞腳步似乎慢了半拍。漢堡業龍頭的一位高級主管最近說他不認為母雞「應該受到皇后般的對待」。然而，「非籠養」是否表示母雞享有皇室等級的待遇呢？差得遠了！非籠養並不代表不殘忍。但至少非籠的母雞，比籠養母雞的生活空間大了2-3倍。此外，跟籠養母雞不同的是，非籠養母

雞可以站立、躺下、四肢完全伸展，而且還可以轉身。

　　從動物福利的觀點來看，非籠養雞蛋還稱不上完美，但至少好多了。此外就公共衛生的角度來看，非籠養雞蛋絕對有其必要，而且迫切需要改進。

　　你能做些什麼呢？

◆ 立下美國人道協會的「非籠養誓言」。

◆ 如果你要吃雞蛋，就找有機和非籠養的雞蛋。

◆ 絕對不要吃生雞蛋。

◆ 不要多花錢購買棕色雞蛋，這種雞蛋不會比白色雞蛋更營養，只是不同品種的母雞所生。

◆ 不要被聲稱沒有添加荷爾蒙的雞蛋所騙。這聽起來不錯，只不過毫無意義。目前美國並不准許使用荷爾蒙來生產雞蛋。

◆ 請注意，雞蛋工業一直很想選擇性使用人道農場經營的語言。因為意識到近年來雞蛋工廠式農場的恐怖事物越來越多，工業貿易集團美國蛋農聯合會（United Egg Producers）於是作出回應，但他們不是加以改善，而是在蛋盒上標示「動物福利認證」（Animal Care

Certified）。實際上，這裡的「認證」不過是種誤導，企圖漂白他們已有的污名。在法律行動強迫他們移除這種沒有意義的標示後，雞蛋工業想出另一種造假方式，打算蒙騙大眾。他們設計出寫著「遵從蛋農聯合會畜牧業指導方針製造」的蛋盒，想讓你在購買來自骯髒、疾病的製造廠（包括那些生產的雞蛋受沙門氏菌感染而在近期被大量回收）的雞蛋時，還能覺得安全放心。

◆ 如果你想吃雞蛋，盡可能不要去超市找，而是到當地的農夫市場購買。在美國，你可以上www.localharvest.org找找你家附近的購買地點。

目前，非籠養、放養和有機的雞蛋確實比較貴。它們值得你多花錢嗎？這要看買的人自己的決定。然而你知道的越多，就越能夠做出通盤的選擇。當你將沙門氏菌毒害的風險納入考量時、當你考慮到味道和營養的差異時、當你把殘忍對待動物的程度也計算在內時，你就會避開來自集中營的雞所下的蛋，開始覺得比較貴的雞蛋似乎不再那麼像奢侈品。你知道的越多，就會越覺得似乎有道德和健康的必要考量。

10 嬰兒長出胸部：
牛奶裡的荷爾蒙隱憂

已有喝配方奶的中國大陸女嬰開始長出胸部。人們絕對有很好的理由，開始對這個現象感到惶惶不安。

根據中國大陸官方報導，對4-15個月大的嬰兒進行的醫療測試發現，他們血液裡循環的雌激素濃度跟成年女性差不多高。這些嬰兒所喝的配方奶顯然要對此現象負責。

製造這些嬰兒配方奶的公司 ── 聖元乳業（Synutra）聲稱這不是他們的錯。他們堅持「製作奶粉產品的過程中，沒有添加人造荷爾蒙或任何非法物質」。

既然如此，那荷爾蒙的來源是什麼？中國大陸乳品協會說在業者飼養乳牛的過程中，可能有荷爾蒙進入了食物鏈。廣東省乳品協會前理事長王丁棉說：「因為中國大陸目前還沒有明定禁止使用荷爾蒙飼養牲畜，所以說沒有人用都是騙人的。」中國大陸使用牛生長荷爾蒙，就跟美國一樣，都是為了要大幅提高牛奶產量。

約翰・羅彬斯
食物革命最新報告

今日在美國販售的食品，有大量來自中國大陸。是否可能有些受污染的配方奶進入了美國市場？

目前消費者無從得知他們購買的嬰兒配方奶，是否由來自中國大陸的乳品製造。

但是，如果美國出現這個問題該由誰負起責任呢？零售商？進口商？中國大陸製造商？我們可以去責問哪一個人呢？

類似的情況已不是第一次發生。在1980年代，波多黎各的醫生開始遇到性早熟的病例：4歲女孩的乳房已經發育成熟；3歲女孩長出陰毛而且陰道出血；還不會走路的1歲女孩已經開始長胸部。而且不只發生在女性身上，小男孩也受到影響。許多男孩需要以手術處理異常腫脹的胸部。

幾年後，卡門‧薩恩斯（Carmen A. Saenz）博士在《波多黎各醫學協會期刊》（*The Journal of the Puerto Rico Medical Association*）發表文章解釋成因：「清楚觀察到出現異常乳房組織的案例中，有97%與當地嬰兒喝的全脂牛奶有關。」

仔細追溯後發現，問題是出自乳牛身上的荷爾蒙濫用。有人問薩恩斯博士，為何她能如此確定嬰兒和兒童是受到牛奶裡的荷爾蒙污染，而不是因為其他來源，她簡單回答說：「當我

我們把什麼東西吃下肚？

們讓小病人停止喝鮮奶後，症狀通常就會減輕。」

跟中國大陸一樣，美國今日還是允許乳牛注射生長荷爾蒙的少數幾個國家之一。儘管在加拿大、日本、澳洲、紐西蘭和歐洲等多數國家都加以禁止，但美國乳製品使用這些荷爾蒙不但合法，而且在所有50州都屬於常態。

美國乳品工業向我們擔保完全沒有問題。然而卻有個不得不面對的真實問題存在，它的名字叫做「類胰島素成長因子-1」（Insulin-like Growth Factor-1，IGF-1）。孟山都自己的研究，還有禮來製藥（Eli Lilly & Co.）的研究都發現，注射過牛生長荷爾蒙（bovine growth hormone，BGH）的乳牛，牛奶裡的IGF-1濃度會增多到10倍。

為什麼這會是問題呢？歐盟執行委員會的官方16人國際科學委員會證實，IGF-1濃度過高的牛奶，都是來自注射過BGH的乳牛。此外，委員會也推斷IGF-1的濃度過高可能造成乳癌、大腸癌和前列腺癌的嚴重風險。

嚴重程度有多高呢？根據1998年5月9日發表在醫學期刊《刺胳針》的一篇文章所說，女性的血液中即便IGF-1的濃度只升高一點點，發展出乳癌的可能性就比濃度較低的女性高出

7倍。

人類在乳製品中攝取到的IGF-1，會快速吸收進入血液，因而不會被消化系統破壞。即使用巴氏殺菌法（加熱殺菌）也沒有幫助。事實上，巴氏殺菌的過程，反倒會提高牛奶裡的IGF-1濃度。

消費者應該怎麼辦呢？

如果可以，盡可能餵你的寶寶喝母奶，並且支持哺乳親善的工作場所和其他環境。餵母乳，對媽媽和寶寶的健康益處真是說也說不完，尤其是今天，因為現在市售的嬰兒配方奶，大多很可能被過多的荷爾蒙污染。

如果你想買乳製品，試著從有機的來源取得。因為根據法律，有機的乳製品不能使用BGH。或者你可以去找特別強調不用BGH（也稱為「重組牛生長激素」recombinant bovine somatotropin，rBST）的乳製品。星巴克只使用來源不含荷爾蒙的乳製品，Ben & Jerry's的冰淇淋，同樣也只選用保證不用BGH的酪農場生產的牛奶和奶油。

如果你想吃起士，請記住美國製造的起士，除非是有機或特別標示不用BGH，不然就很有可能受到BGH的污染並含有

我們把什麼東西
吃下肚？

過高的IGF-1。但是從歐洲進口的多數起士都很安全，因為歐洲已禁止使用荷爾蒙。

你是否曾好奇，為什麼注射過荷爾蒙的乳牛生產的牛奶所製造的乳製品，並沒有特別標示呢？這是因為BGH的原始製造者 —— 孟山都有強勢且成功的遊說團在說服政府，確保法律不會通過標示要求。

更誇張的是，孟山都還執意設法讓沒有BGH的乳製品不能合法標示，除非標示內含為BGH除罪的措辭。孟山都如何為這樣的禁令辯護呢？他們說，就算是乳製品來源真的沒有BGH，也不該允許零售業者直接告訴消費者，因為這會讓BGH受到不公平的對待。

孟山都的這項舉動，就好像精確標示產品會讓他們成為某種不合理的文化偏見的受害者。然而事實上，他們的產品才要為數不清的健康危害負起責任。

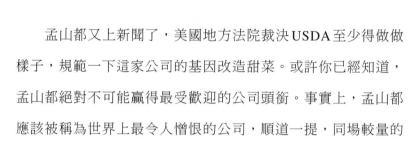

11 你最愛的冰淇淋是不是
用孟山都的人造荷爾蒙做的？

　　孟山都又上新聞了，美國地方法院裁決USDA至少得做做樣子，規範一下這家公司的基因改造甜菜。或許你已經知道，孟山都絕對不可能贏得最受歡迎的公司頭銜。事實上，孟山都應該被稱為世界上最令人憎恨的公司，順道一提，同場較量的對手還有BP（英國石油）、哈里伯頓（Halliburton）❶和高盛集團（Goldman Sachs）。

　　這讓我特別想到了冰淇淋，以及在某些世界知名的冰淇淋品牌中，如何能找到孟山都的魔爪。其實，這些品牌都可以掙脫孟山都的魔掌。但是到目前為止，他們都尚未掙脫。或許該是要改變的時候了。

　　Ben & Jerry's 的所有牛奶來源，都出自誓言不讓乳牛注射

譯註
1 全球第二大油田服務商。

約翰・羅彬斯
食物革命最新報告

基因改造生長荷爾蒙（rBGH）的酪農場。既然如此，為什麼哈根達斯（Häagen-Dazs）、31冰淇淋（Baskin-Robbin）不能也這麼做呢？

星巴克現在已聲明他們所有的牛奶、奶油和其他乳製產品都沒有rBGH。優沛蕾（Yoplait）和戴濃（Dannon）優格、Tillamook起士、Chipotle餐廳❷以及其他許餐飲業多也都做出同樣的保證。然而冰淇淋巨頭哈根達斯、Breyers❸和31冰淇淋還在持續使用注射過rBGH的乳牛牛奶，這種荷爾蒙早已在加拿大、紐西蘭、日本、澳洲以及歐洲的27國禁用。更誇張的是，哈根達斯和Breyers還大言不慚直接在標示上告訴我們，他們的冰淇淋是「純天然」。

我們會有rBGH這種東西，都要歸因於孟山都。孟山都發展出人造荷爾蒙，而且多年來一直在市場上強勢行銷，直到2008年賣給了艾倫柯（Elanco）——禮來製藥旗下的動物保健部門。當然，孟山都（以及現在的艾倫柯）希望我們認為荷

2 美國連鎖墨西哥餐廳。
3 美國知名的平價冰淇淋品牌。

我們把什麼東西
吃下肚？

爾蒙在各方面都很安全而且令人滿意。孟山都的路線向來都強調，乳牛不管是否有施用荷爾蒙，生產的牛奶「沒有明顯差異」。

請原諒我實在無法接受孟山都的滿口謊言，但就算他們說的都是真的，又為什麼有這麼多國家要將rBGH列為不合法呢？難道這些國家都是由一些不學無術的反現代化份子主政，目的只是在反對技術和進步嗎？或者其中可能真的存在某些令人關注的理由呢？

確實是有理由。其中一項是，乳牛注射了基因改造的荷爾蒙，會提高牛奶裡的IGF-1含量。孟山都自己的研究發現，乳牛在注射rBGH之後，牛奶裡的IGF-1總量會變成2倍以上。其他獨立研究者的研究更顯示增加量高達10倍，如此一來會嚴重提高各種癌症的風險。體內有高濃度IGF-1的女性，發生乳癌的可能性多了7倍。

如果對於人類健康的威脅，還不足以構成那些國家禁止rBGH的理由，那麼我也想不出更多其他的理由了。人造荷爾蒙的另外一項惡名，是讓乳牛更加疼痛和不舒服，因為它會讓乳牛更容易罹患造成牠們痛苦和衰弱的疾病，如跛足、乳腺

炎。此外，由於注射rBGH會讓乳牛更容易乳腺感染，因此得大大提高美國乳品工業的抗生素使用量。

乳腺感染增加，是否會影響牛奶，以及任何由此製成的冰淇淋、起士或其他產品呢？答案顯而易見，對rBGH有深入了解的獸醫李查·巴勒斯（Richard Burroughs）醫師就是這樣認為。他說：「結果會提高白血球的數目，也就是說，牛奶裡有膿！」他另外說道：「抗生素會殘留在牛奶裡，這真的相當嚴重。」

既然如此，可疑的受污染產品為何在美國可以通過使用呢？這個問題的答案，讓我們一睹孟山都傾注於控制國家食品政策的努力有多麼成功。

根據各種說法，FDA在1993年決定允許rBGH的使用，是該機構歷年來最受爭議的事件之一。在滿是科學家、政府領導者以及農場經營者（還包括許多研究者和FDA的內部官員）嚴厲批評的包圍之下，此項決定由邁可·泰勒（Michael R. Taylor）── 於1991-1994年擔任FDA政策副局長 ── 獨自監督審查。

泰勒是否能持平處理此事呢？在接下FDA的位置之前，

他是金和斯波爾丁律師事務所（King & Spaulding）、也就是孟山都專用律師團的律師，主要負責公司的食品和藥物的法律事務。在做出通過rBGH的決定後，他離開FDA、重操舊業並直接為孟山都工作，成為孟山都的副總裁和首席說客。

泰勒在讓rBGH通過的過程中扮演的角色有多重要？2010年8月15日，關於他的維基百科增加了新的內容：「他長久以來對食品安全持敵對態度，而他最廣為人知的事蹟是帶著重組牛生長荷爾蒙（rBGH）通過FDA，並把它引進乳品供應鏈——而且沒有標示。」（在我將此段文字引用於為《哈芬登郵報》所寫文章的後續評論後，維基百科立即移除這段說明。顯然，如果你可以讓你的人馬隨意進出FDA的重要職務，要出手干預維基百科也不是什麼難事。）

國會議員伯寧・桑德斯（Bernie Sanders）說的這段話，大概就是在講泰勒，他說：「FDA讓企業影響力在准許rBGH一事上猖狂橫行。」一些紀錄片，包括「孟山都公司眼中的世界」（The World According to Monsanto）和「食物的未來」（The Future of Food）等，都呈現出泰勒在FDA裡的親孟山都行為，是企業影響力如何過度干預行政機構的誇張案例。如

今，泰勒又再次回到FDA工作，目前的職位是食品副局長。

然而事情在加拿大的發展卻有所不同，原因並不是孟山都這一方缺乏努力。在科學界審查孟山都申請通過rBGH的期間，加拿大的健康官員曾說孟山都試圖賄賂他們，而政府的科學家也證實，他們受到高層壓力要違反自己的科學判斷，讓rBGH過關。但是1999年，經過了8年的研究之後，加拿大的衛生主管部門拒絕了孟山都的rBGH申請。

孟山都繼續對今日的美國食品政策施加巨大的影響力。儘管（或是為了回應）孟山都毒害國家的食品政策並緊抓不放，但有項運動已在進行之中。每一天都有更多的人拒絕購買有rBGH的冰淇淋和乳製品。而且，每一天都有新的組織加入對抗孟山都影響力的團體，要求FDA撤回rBGH的使用許可。

遲至2011年，著名的美國公共衛生協會（American Public Health Association）正式要求禁止rBGH。《消費者報告》（*Consumer Report*）雜誌的出版社消費者聯盟（Consumers Union），也已採取相同的正式立場來反對rBGH。另外還有美國護理協會（American Nurse Association）、健康無害組織（Health Care without Harm）、

食品與水觀察組織（Food and Water Watch）、食品安全中心（Center for Food Safety）、全國家庭農場陣線（National Family Farm Coalition）、家庭農場保衛者（Family Farm Defenders），以及其他許多團體也都開始表態。

在這個重要的時刻，社會責任醫生組織（Physicians for Social Responsibility，PSR）的奧勒崗分會，勇敢帶領一場全國性的奮戰，企圖說服Breyers（品牌包括Good Humor、Klondike Bars和Popsicle）和醉爾斯（Dreyer's，品牌包括哈根達斯、雀巢、Edy's）能向rBGH說不。此項活動特別針對Breyers與醉爾斯，因為他們是現今美國最大的兩家冰淇淋製造商。

孟山都與其同盟還有更大的野心：他們意圖控制全世界的食品供應。千萬別讓他們這麼做，而且不要讓他們把基因改造過的產品塞進你的嘴裡。即使甜蜜如冰淇淋般的誘人美食，也請敬謝不敏。

12 黑巧克力的驚人健康益處

　　保衛健康食物的人士可能覺得很難接受，但巧克力的風評確實不佳。有人說吃巧克力會長青春痘，應該以角豆代替可可豆，因為巧克力是垃圾食物。然而這些指控不僅錯誤又不夠充分，而且還不實控訴了一種其實具有強大療癒力量的美味食物。

　　事實上，越來越多的可靠科學證據顯示，巧克力含大量裨益心臟和改善情緒的植物生化素，對身心都有益。

　　例如，巧克力是豐富的抗氧化劑來源，這些物質可以降低因氧化反應而造成的細胞、動脈的持續傷害。

　　或許你聽過一種多酚（polyphenols）的抗氧化劑。這是在某些植物性食物，如紅酒、綠茶中可找到的化學保護。結果發

譯註

1 角豆樹的果實磨成的角豆粉味道跟可可粉很像，但不含咖啡因和可可鹼。

現，巧克力特別含有豐富的多酚類。根據德州大學達拉斯西南醫學中心（University of Texas Southwestern Medical Center in Dallas）的研究顯示，在紅酒中發現可以預防心臟疾病的抗氧化特性，在巧克力中也同樣發現差不多的含量。

巧克力如何有助於預防心臟疾病呢？低密度膽固醇（LDL）的氧化作用，是促發冠狀動脈心臟病的主要因素。當這種蠟狀物質氧化時，可能會黏在動脈壁上，提高心臟病發或中風的風險。然而，巧克力可以出手解救！巧克力內含的多酚能抑制低密度膽固醇的氧化作用。

另外還有其他厲害功效呢！造成動脈硬化的原因之一是血小板凝結在一起，這個過程叫做凝集作用。巧克力的多酚可以抑制凝結，降低動脈硬化的風險。

高血壓是已知的心臟病危險因子，也是腎臟衰竭常見的因素之一，此外對於多種類型的失智和認知損傷也有重大影響。研究已顯示，每天吃一小條黑巧克力，可以讓血壓稍微過高的人降低血壓。

為什麼心臟病高風險者有時得每天吃一顆小劑量的阿斯匹靈？原因是阿斯匹靈能讓血液變稀，降低血凝塊生成的可能性

（血凝塊在許多心臟病發和中風的案例中扮演關鍵角色）。加州大學戴維斯分校（University of California-Davis）營養學系進行的研究發現，巧克力能使血液變稀，跟阿斯匹靈一樣有抗血凝塊的表現。此項研究的負責人卡爾‧基恩（Carl Keen）說：「我們的研究，支持了長期攝取可可亞可能與促進心血管健康有關的想法。」

要吃多少巧克力才能得到這樣的好處呢？根據發表在《美國臨床營養學期刊》的研究顯示，一般日常飲食中只要添加0.5盎司（14公克）的黑巧克力，就足以提高4%的整體抗氧化能力，並使得低密度膽固醇的氧化作用變少。

既然如此，為什麼巧克力的名聲不佳呢？那是因為添加物。一般巧克力棒所含的熱量幾乎都來自糖、脂肪。

就脂肪來看，巧克力中有爭議的多是添加脂肪、而不是天然脂肪（可可油）。可可油富含飽和脂肪，因此許多人假設這對心血管系統不好，然而可可油所含的飽和脂肪成分屬於硬脂酸，許多研究都顯示這種成分並不會提高血液的膽固醇含量。在人體內，硬脂酸的作用跟橄欖油裡的單元不飽和脂肪非常類似。

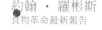

牛奶巧克力則含有額外的乳脂，有可能提高血液的膽固醇含量。此外，相較於黑巧克力，牛奶巧克力所含的抗氧化劑和其他有益的植物生化素也都比較少。

　　吃巧克力會長青春痘嗎？牛奶巧克力有可能會，但我從來沒聽過有任何證據顯示黑巧克力有這方面的問題。

　　黑巧克力也比較健康，因為添加的糖分比較少。我相信，不用多教你也已經知道，攝取過多的糖分有害處。如果你想要變得肥胖，而且急速提高罹患糖尿病、心臟病、癌症和阿茲海默症的機會，那麼高糖分（包括高果糖）的食品就是你的目標。

　　巧克力的優點僅限於人的身體健康嗎？當然不是。一直以來，我們都知道巧克力對心情的重大影響。現在，就讓我們來仔細看看原因何在。

　　巧克力富含一種鮮為人知的物質——可可鹼（theobromine），是一種咖啡因的化學近親。可可鹼就像咖啡因、也像氣喘藥胺非林（theophylline），屬於黃嘌呤生物鹼化合物（xanthine alkaloid）的化學族。巧克力產品含有少量的咖啡因，但含量並沒有高到足以讓人無法抗拒它的吸引，對其

迷戀、上癮，或發生什麼巧克力效應。巧克力為什麼會讓心情變好，主要的原因可能就是可可鹼。

巧克力也含有其他提振情緒的物質。其中之一是苯乙胺（phenethylamine），這種化學成分能促發釋放令人愉悅的腦內啡並增強多巴胺的作用，而多巴胺是跟性興奮和愉快有關的神經化學物質。當人變得著迷或墜入愛河時，腦中就會釋放出苯乙胺。

另一種在巧克力中可以找到的物質是大麻素（anandamide，出自梵文ananda，意指寧靜極樂至福）。大麻素是一種腦部會自然產生的脂質，聖地牙哥神經科學研究所（Neurosciences Institute in San Diego）的藥理學家已從巧克力分離出這種物質。它也會跟腦中大麻酚（cannabinoids，大麻裡刺激精神心理的結構成分）的受器結合，產生興奮和愉快的感覺。（如果大家都發現這件事，會不會有人開始非法製造巧克力呢？）

如果這還不夠，那我們再來看看巧克力對於提高腦部血清素濃度的功能。女性在生理期期間，血清素的濃度通常都比較低，這或許是女性在此時期常會強烈渴望吃巧克力的原

因。深受憂鬱所苦的人，血清素的濃度通常也比較低，因而此類的各種抗憂鬱藥物都被稱為「選擇性血清素回收抑制劑」（selective serotonin reuptake inhibitor，SSRI），其中包括百憂解（Prozac）、帕羅西汀（paroxetine，商品名Paxil）和樂復得（Zoloft），都是為了提高腦部血清素濃度而開發出來。

因為很多人知道我是健康飲食的擁護者，所以常有人問我的飲食嗜好。我最愛的甜點之一是一片有機黑巧克力，再搭配一杯優質紅酒。

然而，我的原則確實是只吃有機和（或）公平交易的巧克力，因為我知道關於可可貿易中的兒童奴工，接下來，就要探討這個主題了。

願你的生活充滿了健康的樂趣。

three

工業食品，
以及其他的骯髒交易

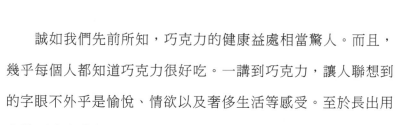

13 這裡並不甜蜜：
巧克力與二十一世紀的奴隸

　　誠如我們先前所知，巧克力的健康益處相當驚人。而且，幾乎每個人都知道巧克力很好吃。一講到巧克力，讓人聯想到的字眼不外乎是愉悅、情欲以及奢侈生活等感受。至於長出用來做巧克力的豆子的樹，學名叫做 Theobroma cacao，字面的意思是「眾神的食物」，是不是很令人訝異呢？

　　在某些文化中，巧克力的價值甚至在黃金之上。當西班牙探險家柯特茲（Cortez）和他的團隊第一次遇上阿茲特克人（Aztecs）時，他們很驚訝的發現竟然有個人口超過百萬的繁榮都市，這比當時歐洲最大的城市還要大上好幾倍。柯特茲和同伴面對的是一個他們相當陌生的文化和生態系統。然而，最讓他們瞠目結舌的是，皇家金庫裡堆滿的不是黃金而是可可豆。在這個地方，黃金主要用於建築、藝術的裝飾，只有次級的貨幣價值。被征服前的墨西哥，使用的貨幣也不是黃金，而是可可豆。當柯特茲抵達阿茲特克的首都時，皇家金庫收藏了

超過9,000噸的可可豆。

因為豆子就是錢，所以只有最富有的人才可以烘焙、吃得起可可豆。根據探險隊的紀錄，阿茲特克皇帝的飲料只有可可靈藥，或許直接吃貨幣是歷史上炫富飲食的最極端案例。柯特茲和隊友遇到的阿茲特克皇帝，是史上知名的蒙提蘇瑪二世（Montezuma II）。他以皇帝的高位和權力，坐擁10億的可可豆收藏，所有豆子都是野蠻的從人民的辛苦勞力榨取得來。

歷史學者說蒙提蘇瑪是有史以來最令人恐懼、憎恨的人。他經常舉行活人獻祭的儀式以「確保」可可樹能大豐收，招來了殘酷貪婪、墮落邪惡的狼籍聲名。

雖然現在的我們都認為巧克力幾乎是人人都負擔得起的感官享受，但回顧歷史，巧克力向來是特權者犧牲不幸者而享用的奢侈品。卡洛·歐芙（Carol Off）在她的書《巧克力禍心：誘人甜品的黑暗真相》（*Bitter Chocolate: The Dark Side of the World's Most Seductive Sweet*）寫道，數千年來，菁英份子對巧克力的熱愛渴望，一直是依靠社會下層的辛苦勞力才獲得滿足。

今日的黑暗面

悲慘的是，屬於巧克力的黑暗面直到今日仍然存在。多數美國人還不知道，但是2001年5月，在奈特‧瑞德（Knight Ridder）報系的全國報紙報導了一系列關於巧克力產品的調查文章後，美國大眾開始了解到巧克力產品殘酷的致命要害。這些文章揭露了我們如此愛吃的巧克力，通常是由兒童奴工製作而成。

令人不得不在意的重點是，不斷有許多小男孩被騙去當奴隸，或被賣到象牙海岸（Ivory Coast）的可可樹農場當奴工。位於西非南部海岸的象牙海岸，是目前全世界最大的可可豆產地，占全球供應量的43%。目前在象牙海岸，共有60萬家可可樹農場，總計擔負起國家整體經濟的1/3。

英國廣播公司（British Broadcasting Company，BBC）同期的研究報導，也同樣指出問題有多麼嚴重。根據BBC的說法，成千上萬的兒童被父母賤價賣掉（某些案例是被公然拐騙），然後運送到象牙海岸賣給可可樹農場當奴隸。

兒童奴工通常來自馬里共和國（Mali）、布吉納法索（Burkina Faso）和多哥（Togo）等國家。在這些被貧窮侵蝕

的土地上，貧困的父母們將孩子賣給人口販子，相信他們到了象牙海岸能找到一份正職，然後可以寄錢回家。然而，實際情況並非如此。這些孩子（通常是11-16歲大，但有時年紀更小）被迫去做艱苦的體力勞動，每週的工作時間長達80-100小時，沒有任何收入，也幾乎都吃不飽，此外還經常挨打，如果有人試圖逃走，通常會遭受惡毒的懲罰。多數孩子從此再也見不到家人。

一位重獲自由的奴工阿里‧迪亞巴特（Aly Diabate）告訴記者：「被打，是生活的一部分。你隨時都得背上幾袋（可可豆），如果背的時候掉下來，沒有人會幫你，他們只會打你、打你，一直打到你把它撿起來。」

布萊恩‧伍茲（Brian Woods）和凱特‧布蕾伊持（Kate Blewett）製作了有關非洲可可業役使童工的紀錄片。製片在一次訪談中提到：「我們實際走在可可樹園裡，看的是一個接一個、一個又一個的奴工。」男孩們告訴他們，即使工作一整年也完全拿不到半毛錢。這些年輕的孩子們訴說的是毆打、飢餓，還有骯髒的生活環境。他們的背，因為一再被鞭打而滿是撕裂傷痕。

伍茲和布蕾伊持敘述跟德里薩（Drissa）見面時的情形，他是來自馬里共和國、被騙去象牙海岸可可樹農場工作的年輕人。「當德里薩脫掉襯衫時，在我眼前出現的是一個未曾想見的景象。我曾經看過一些非常骯髒的事物，然而這真的更叫人驚駭。他的身體沒有一吋肌膚完好如初。」

改革的壓力

巧克力是甜蜜、天真無邪的象徵，但是，西方的巧克力食用者現在知道，那些受奴役的孩子其實跟甜蜜、天真無邪完全扯不上邊。由於整個2001年夏季都在發動攻勢、持續宣傳巧克力工業利用童工的事實，因此巧克力製造商也同樣倍感壓力。

同年7月，國會議員紐約州第17選區代表艾利特．安格爾（Eliot Engel）在例行的農業預算法案中增列附加條款，提議一項標示系統，如果能證明巧克力產品不是來自被剝削的童工，就能通過認證而標示「未用奴工」（slave free）。安格爾解釋說：「這就像鮪魚罐頭上『無害於海豚』（dolphin safe）❶

譯註
1 使用捕捉鮪魚的漁網不會直接或間接傷害海豚及其生態。

的證明。」

美國巧克力工業的重量級人物，並不都喜歡這種情勢的變化。美國最大的兩家巧克力公司——瑪氏（Mars）和賀喜（Hershey）立即派代表去見安格爾議員。在會面之後，安格爾說：「他們充滿敵意的態度讓我很驚訝，而且口氣尖銳。所有內容都是關於底線問題。」

因為知道自家的產品即使以最低標準都無法符合「未用奴工」的資格，因此最大的巧克力公司極力抵抗這項即將成立的法律。巧克力製造協會（Chocolate Manufacturers Association，CMA）公共事務部門的副主席蘇珊·史密斯（Susan Smith）質疑，巧克力產業中的兒童是否真的受到剝削。她說：「我們許多人都在農場長大，了解兒童協助工作相當正常。」受雇於巧克力工業的某些公關專家暗示，這只不過是要求兒童到農場幫忙，做一些農事雜務，而真正的剝削其實是想製造聳動故事的新聞機構正在做的事。巧克力製造商們一再力勸國會議員，不要被「過於激動的記者所做的不實報導」所誤導。

這些企業因為急於避開任何形式的標示，於是提出另一

種論點。然而，他們顯然沒有注意到這與前項論點相矛盾。CMA的史密斯說：「『未用奴工』的標示會傷害想要幫忙的人，因為會導致聯合抵制所有象牙海岸的可可園。」她說，使用象牙海岸可可豆的公司，沒有一家有可能說他們的巧克力完全不是由兒童奴工生產，因為童工採摘的豆子跟其他自由農人收成的豆子都混在一起。

企業一方面說標示的想法不好，因為童工只不過是熱血記者想像的虛構故事。但另一方面又說，這個想法不好的理由是因為象牙海岸的可可樹園太常使用童工，因此避免的唯一方法，只有抵制那些生產近世界半數的巧克力供應量的國家。

巧克力製造商的慈善掩護 —— 世界可可亞基金會（World Cocoa Foundation）委任進行了自己的研究。毫無意外的，最終報告宣稱剝削兒童的程度被過度誇大。根據報告指出，可可農單純的依循標準的商業慣例，雇用可能最便宜的勞力來收成和生產他們的可可豆。

即便世界可可基金會資助和認可的報告，想盡辦法讓巧克力製造商們脫困，但結果也不是百分之百成功。因為即使是企業本身的研究，雖然已設計成讓問題降至最低，不過還是承認

約翰・羅彬斯
食物革命最新報告

了有成千上萬的兒童在西非可可樹農場的危險環境下工作，這些兒童的生活非常艱苦貧困，不能上學、沒有醫療照顧，而且付出的勞力也沒有支薪。研究證實，如果兒童們違抗命令就會被殘暴對待，而且其中有許多是被兒童人口販子給送去「打零工」。

企業受到的壓力逐漸升高。2001年秋天，在巧克力產品上標示「未用奴工」的法律已在眾議院由眾議員安格爾發起通過，而且確信在參議院由參議員湯姆‧哈金（Tom Harkin）發起，也能通過。

為了解決標示問題，巧克力工業宣布投入一項4年計畫，內容主張最終要消除可可生產國的兒童奴工，特別是世界巧克力最大生產地區——西非。如果一切都按照計畫、也就是所謂的哈金-安格爾協定書進行，將會保證到2005年就不再使用「最糟的兒童勞力形式」（包括奴工）生產的可可豆和巧克力。世界可可基金會以及賀喜、M & M瑪氏、雀巢和其他許多巧克力製造商都簽署了協議。

交易達成。在哈金-安格爾協定書向全世界熱鬧宣示的同時，法律卻也在悄悄後退。巧克力工業試圖與國會協商，以一

項自願協議代替強制在巧克力上標示未用奴工的法律。

巧克力製造協會主席賴瑞·格雷漢（Larry Graham）為此大大鬆了口氣，他承諾「此項工業已有所改變，而這項改變將會直到永久」。計畫的部分是一連串的期限，整個工業自發的公共認證標準，將在2005年7月1日就定位。

然而4年後，在2005年的2月14日，眾議員安格爾和參議員哈金協助撰寫了一篇刊登在美國重要報紙上的特稿，譴責巧克力企業幾乎完全沒有遵守協議。國會議員說，巧克力工業在這4年之間的所作所為，「令人遺憾的遠不及他們在協定書中承諾的行動……今天是情人節，我們多數的巧克力卻因無數可可奴工的悲慘遭遇而蒙上了陰影。」

巧克力工業立即發表聲明為自己的延宕辯護，並吹捧自己已做了多少改進。他們誓言要加倍努力，承諾在2008年達成目標。

此時，世界可可基金會驕傲的宣布，企業以「合作關係」的身分捐贈600萬美元給援助機構。然而援助機構指出，巧克力企業希望以某些東西回報這種「合作關係」，他們想要竊取援助機構的名望，以證明他們正在對問題做一些有意義的回

應。

　　賀喜的代表指稱一名記者是「憤世嫉俗的掃興者」，因為這個記者提到對於一個年收益高達130億的工業而言，只花600萬就想買到善行的表象，其實並沒有太令人敬佩。

　　巧克力工業發言人保證2008年這個新期限到期時，問題將會獲得解決。然而當2008年的期限到來，協定書中的任何一個關鍵承諾仍然沒有達成。另外，應該在2005年7月1日準備就緒的「公共認證標準」又如何呢？不但逾期3年還沒準備就緒，企業還以指稱先前承諾的只是認證「概念」來為自己脫罪。

　　總部位在舊金山的國際人權組織全球交流協會（Global Exchange）的公平交易負責人亞芮安‧費琪-法蘭克（Adrienne Fitch-Frankel）評論道：

> 如果我們都能夠以重新定義道德與法律責任來求得解脫，豈不是太棒了嗎？我們已經可以聽到來自全國各地的閒言冷笑。認為還款「概念」對於我的貸款有用嗎？老闆會願意只接受準時「概念」嗎？

巧克力製造商的發言人現在將工業的失敗怪罪於象牙海岸爆發的戰爭，但熟悉情勢的記者指出，企業對於要處理傷害的提議自始至終都不過是作秀。

　　在此同時，象牙海岸的可可樹農場裡，剝削童工的事實還在不斷上演。

賀喜的現在與過去

　　我們生活在一個悲觀的時代。當我們發現一些大公司，如BP或孟山都做了一些可怕的事情，然後掩耳盜鈴以粉飾傷害，我們竟然已不再感到驚訝，變得很習慣企業掩蓋他們對人權和環境的侵害。

　　然而，有家企業即使濫用權力，但悲劇而沉痛的諷刺是它有著與目前截然不同的過去，那就是美國第二大巧克力供應商——賀喜企業（Hershey Company）。公司的創辦人米爾頓・賀喜（Milton Hershey）是人道主義者、理想家，深受烏托邦夢想所啟發。他想建立一個社會，在那裡（用他的話來說）「沒有貧窮也沒有罪惡」。

　　二十世紀初期，賀喜在賓州開始建立後來的賀喜市。他懷抱著建造屬於自己城鎮的決心，並利用糖果工廠的收益，開始

著手進行一項大膽的社會實驗。他所創造的社區在當時的美國可說是獨樹一格。寬廣的街道上有整排的行道樹，每間房子都有寬闊的草坪、室內抽水馬桶，以及電、暖氣。這些是習慣了煤油燈和屋外廁所的多數工廠工人難以想像的奢侈品。而且一切都以負擔得起的租金提供給每個賀喜的員工，或者他們可由賀喜信託銀行（Hershey Trust Bank）得到低利貸款。

城鎮的中央是巧克力工廠，還有像湖一樣大的游泳池、設有大型電影院的社區中心、露天音樂台、高爾夫球場、廣闊的社區公園，以及由有軌電車組成龐大的大眾運輸網絡等，都是其特色。每個雇員都享有保險福利、健康照護和退休計畫。

資本主義的大亨們都很震驚。他們稱賀喜的企業不道德，因為慷慨的行為會「使社區失去自立更生的能力並且傷害到它的自尊」。

然而賀喜先生並沒有因此退卻，還是繼續朝著他的烏托邦理想邁進。當他和太太凱瑟琳（Catherine）意識到自己無法生育孩子時，他們創辦了一所孤兒院，收養無家可歸的兒童。在當時，國內多數的孤兒院都是淒涼、陰鬱的地方。但賀喜的孤兒院所收容的兒童不只能接受教育，還住在公司員工的家裡。

當賀喜先生1945年過世時，他的財產主要都用於米爾頓‧賀喜學校（Milton Hershey School）。因為有他的慷慨捐贈，這所學校已成為現今世界上最富有的學校之一，而且也施行美國最大的寄宿教育計畫方案（The Residential Education program）[2]。

然而賀喜先生過世後的這些年，現實已離他的夢想越來越遠。巧克力事業（包括賀喜公司）從家族經營的企業，轉換成多國合作與企業集團。隨著工業結盟而成為大型的壟斷企業和企業聯合，這個行業的現況已變得競爭激烈。企業盈虧主導了一切，因此可可農的景況幾乎就像蒙提蘇瑪時代那般悲慘。只不過現在是犧牲兒童的生活，來「確保」可可樹大豐收。

巧克力製造協會也在改變。現在的國家糖果製造商協會（National Confectioners Association）有個巧克力委員會，網站上（www.thestoryofchocolate.com）放了一些滿臉笑容的非洲工人照片，此外還有重要的宣示「你吃的巧克力有個過

---

2 主要對象是大學一年級新鮮人，藉由讓學生住宿學校，幫助他們適應從中學進入大學的轉換，強調學生的責任感並協助發展人我關係。

往」：

> 靜靜藏在包裝紙裡的樂趣，帶著一個來自異國、旅途遙
> 遠，種植著嬌貴熱帶果樹的小小家庭的故事。在你撕開
> 包裝紙的同時，你也正在揭開可可樹種子的秘密，而且
> 還一起加入了4000年來世界各地將這神奇食物用作儀
> 式、醫療和純粹樂趣的人們之中。

　　完全沒有半個字提到兒童奴工，也沒有任何線索顯示在巧
克力事業的各層級中涉有任何不名譽的事蹟。

這裡並不甜蜜

　　對大型巧克力公司而言，從雇用受虐童工的農場購買可可
豆這件事，可以讓他們降低成本並提高獲利。2010年，賀喜
企業的獲利躍升了54%，因為他們具有所謂的「供應鏈效率改
善」。這樣的「效率」，讓賀喜的執行長大衛‧威斯特（David
J. West）年薪高達800萬美元，但在此同時，他們購買可可豆
的農場裡，年輕的工人幾乎瀕臨死亡。

　　西非可可樹農場受虐勞工的真實情況，是整個巧克力工業

的長期問題。然而就在賀喜的多數主要競爭對手已採取步驟降低或消除巧克力供應鏈中的奴工和其他受虐童工時，賀喜卻幾乎無動於衷。

2010年9月13號，在賀喜創辦人153歲冥誕的場合中，賀喜企業終於有時間發表他們首次的「企業社會責任報告」。滿是陳腔濫調和各種承諾的報告，是典型實行「漂綠」的案例——誤導大眾認為這家公司的政策和產品負有社會責任，但實際上完全沒有。

同時，就在這同一天，公共利益非營利團體聯盟——綠色美國（Green America）、全球交流協會、美國綠洲協會（Oasis USA）以及國際勞工權利論壇（International Labor Rights Forum）——發布了深入的反向報告「是時候提高門檻：賀喜公司的真實企業社會責任報告」（Time to Raise the Bar: The Real Corporate Social Responsibility Report from the Hershey Company）。這份詳盡的研究報告指出，賀喜公司在負起企業對世界各地可可豆產地之影響力的責任上，遠遠落後競爭對手。

賀喜公司其實很清楚美國有許多小型的巧克力公司，多

年來一直在購買公平交易認證的可可豆，由此能確保可可農的所得足以供養家庭、投資未來，並且讓他們的孩子上學。2006年，賀喜買下達哥巴巧克力公司（Dagoba Chocolate Company），這間位於奧勒崗州的有機巧克力製造商，旗下所有的巧克力飲品、糖漿和可可粉都經過公平交易認證。然而賀喜宣稱這對於小型企業是可行，但像他們這麼大型的公司卻很難實行。

「是時候提高門檻了」報告書清清楚楚的說明，不只有小型企業採取了有意義的步驟。報告中提到，「許多最大的全球巧克力企業，也逐漸增加經由獨立組織認證符合各種勞工、社會和環境標準的可可豆來源。然而其中卻有一家反其道而行：賀喜企業。」

其他大型企業公開鑑定他們的可可豆來源，但賀喜沒有。其他企業雇請第三方認證來確認他們由西非購得的可可豆，但賀喜沒有。

例如，英國的吉百利（Cadbury Dairy Milk）是大品牌中第一個讓所有的巧克力都通過公平交易認證。這家公司不只是把暢銷的巧克力棒換成公平交易，還將他們的公平交易認證牛

奶巧克力棒擴展到澳洲、加拿大、愛爾蘭和紐西蘭。

Ben & Jerry's往前更邁進一步。這家公司不僅同意在2013年以前讓所有的可可豆都獲得公平交易認證，而且還誓言讓所有適用於這項認證的其他成分都獲得公平交易認證。就連很難跟社會責任聯想在一起的卡夫食品（Kraft Foods）和瑪氏企業，都開始購買由熱帶雨林保育聯盟（Rainforest Alliance）認證，且不用受迫勞工、童工或不公平待遇的可可豆。

如果其他企業可以做得到，為什麼賀喜不行？他們是否認為兒童被誘拐、然後賣到象牙海岸的可可園當奴隸這件事一點也無所謂？你是否覺得無所謂呢？

你能做的事有以下這些：

- 購買有機巧克力。目前，有機可可豆都不是來自象牙海岸，因此有機巧克力不可能被貼上奴隸的污名。

- 購買巧克力產品時，請選擇確定不以奴工生產可可豆的公司。這些公司包括Clif Bar、Cloud 9、Dagoba Organic Chocolate、Denman Island Chocolate、Divine Chocolate、Equal Exchange、Gardners Candies、Gree & Black's、John & Kira's、Kailua

Candy Company、Koppers Chocolate、L. A. Burdick Chocolates、Montezuma's Chocolates、NewLeaf Chocolates、Newman's Own Organics、Omanhene Cocoa Bean Company、Rapunzel Pure Organics、Shaman Chocolates、Sweet Earth Chocolates、Taza Chocolate、Endangered Species Chocolate，以及Theo Chocolate。

♦ 請上網www.youtube.com/watch?v=CK5K-aHyxc觀看影片。

♦ 簽署請願書，告訴賀喜停止役使童工和受迫勞工。你可以在網路上找到這份請願書：www.raisethebarhershey.org

♦ 上網www.chainstorereaction.com，寄封信給賀喜公司。

♦ 找找「苦澀的巧克力」（The Dark Side of Chocolate）這部影片，裡頭有「綠色美國」的人談到關於公平交易的訊息。自己先看看，也讓你的朋友看一看，請盡量讓更多的人知道這部影片。網址：www.greenamerica.org/programs/fairtrade/MovieScreening.cfm。

◆ 把這本書介紹給你的朋友，請他們讀讀本文並做做賀喜的線上調查。越多人這麼做，賀喜公司就越有可能終於負起自己行動和影響力的責任。

14 苦澀的豆：
公平交易咖啡豆為何如此重要

　　雖然近期最受關注的是巧克力，但巧克力並不是美國人日常必需品中唯一一項由奴工生產的產品。有些咖啡豆也因奴工而染上污名。象牙海岸除了生產全球近半數的可可豆，還是世界第四大的羅布斯塔（Robusta）咖啡產地。羅布斯塔咖啡豆主要用作濃縮咖啡、即溶咖啡，另外也跟味道較淡的阿拉比卡（Arabica）咖啡豆混合製成研磨咖啡。

　　咖啡豆和可可豆通常一起種在農場，高大的可可樹可為矮小的咖啡灌木遮陰。在象牙海岸的一些農場裡，童工除了要收成結出可可豆的可可果（可可豆的豆莢），也要收成咖啡豆。每年運往美國的象牙海岸咖啡豆有7,000公噸以上。

　　跟可可豆一樣，奴工揀選的咖啡豆就和一般支薪工人揀選的豆子混在一起。有些咖啡業主管說，勞工問題不在他們的考量之內。美國咖啡協會（National Coffee Association）的蓋瑞‧高斯登（Gary Goldstein）代表福吉氏咖啡（Folgers）❶、

麥斯威爾（Maxwell House）、雀巢咖啡（Nescafe）和其他品牌說道：「本項工業無須為發生在國外的事件負責。」

美國是世界最大的巧克力和咖啡消費國。事實上，咖啡是美國第二大合法進口商品，僅次於石油。幸運的是，在美國和其他地方都相當積極的推動公平交易咖啡。

根據位於舊金山的全球交流協會所說：

保護農場兒童勞力的最佳方法，是付給工人足以維生的報酬。這個國家的多數人，願意花錢買杯在公平交易條件下揀選的咖啡，他們不希望手中的咖啡出自血汗工廠。公平交易認證的咖啡是被引薦到美國、由獨立系統監督的第一項產品，可以確保真的是在公平的勞工條件下所生產。若要具備公平交易認證，進口商必須符合嚴格的國際標準，（包括）每磅必須給付的最低限額價格。

譯註

1 美國常見咖啡品牌。

給付最低限額價格給種植者是重大的一步，因為目前全球市場的咖啡價格非常低廉，許多咖啡農因此陷入無以逃脫的貧困、借貸和飢餓的惡性循環。10年前，世界咖啡經濟約值300億美元，其中生產者可獲得120億美元，或者說40%。然而今日全球市場已成長超過500億美元，生產者卻只得到80億美元，也就是16%。咖啡公司沒有降低消費者的購買價格，卻在購買豆子的花費上少了許多。這種情況，最多是製造出血汗工廠，而最糟的情況則是培育出雇用奴工的環境。

　　許多種植咖啡的人嚴重超時工作，只為了不到600美元的年收入，在此同時，還有人備受奴役卻根本得不到半毛錢。然而，卡夫食品 ── 麥斯威爾咖啡的母公司 ── 的執行長艾琳‧羅森芙（Irene Rosenfeld）每年所得超過2,600萬美元。這個數字應該已經算很多了，但還沒有星巴克的執行長霍華‧舒茨（Howard Schultz）來得多，他一年的收入有3,000萬美元以上。多數消費者應該很難接受，奴役的恐怖現實與坐擁高薪過著帝王般生活的執行長兩者間的強烈對比。

　　無論是咖啡或巧克力，公平交易意味著北美的消費者能與亞洲、非洲、拉丁美洲和加勒比海的生產者有公平的合作關

係。這也表示全世界的農民合作單位都能寄望擁有穩定和可靠的生活工資。當消費者購買公平交易的咖啡和巧克力時，他們知道自己的錢將會付給當地的農人，讓他們可以把錢用在健康照護、教育、環境管理、社區發展以及經濟獨立等各方面。他們知道他們沒有讓貧窮的農人在困苦中掙扎求生、甚至使雇用童工的系統更加坐大。

「解放奴隸」（Free the Slaves）組織的負責人凱文‧貝爾斯（Kevin Bales）提醒我們：

> （消費者）可以對世界上的奴隸產生重大的影響力，只要暫停一下問問自己為什麼有些特定商品會這麼便宜。許多品項低廉到難以想像。東西便宜的部分原因是，大型連鎖商店購買的數量龐大因而進價低，並且設計配送系統以降低整個產品線的經常費用。然而，這些經濟規模都不足以說明便宜的原因。重點在於：東西便宜往往是因為有奴工從中幫忙生產。

多數的西方消費者儘管偏好低價，只要有辦法區別，還

是願意避免購買奴工生產的商品。就跟多數的消費者一樣，我也喜歡找特價商品，而且通常不會停下來問自己為什麼這麼便宜。不過，只要意識到若一直想找最划算的價格，自己可能在不知情的情況下選擇了奴工製造的產品，就會冷靜下來。

無論如何，對於多數消費者對挑戰奴隸制度會有什麼樣的回應，我們有理由充滿期待 —— 只要他們有機會知道。人們一旦了解到奴隸制度依然存在，幾乎所有人都會希望它消失。他們不只有意願，而且更渴望能做出尊重基本人權的選擇，希望能維護那些人的尊嚴，那些用自己的辛勞製作產品讓我們生活更加豐富的人們。

購買公平交易產品，是我們每個人能為邁向更美好的世界而踏出的一步。

15 粉紅色的肯德雞桶餐？

　　我們生活在一個的充滿極度矛盾的世界。有些事情就是奇怪得難以置信。有時，我覺得自己好像已經找到方法來適應這世界的詭異，但是不久，讓我倍感困惑的事情又會接踵而來。

　　有個全球最大、名為「蘇珊・科曼救治基金會」（Susan G. Komen for the Cure）的民間乳癌關懷團體，在2010年與連鎖速食店肯德雞（KFC）共同合辦一個全國性的「愛心桶」（Buckets for the Cure）活動。

　　KFC不放過任何一個機會大力宣傳他們的粉紅桶餐，只要賣出一桶就捐給科曼基金會0.5美元（約15元台幣）。

　　至於科曼基金會則是在自己的網站上宣布：「肯德雞和蘇珊・科曼救治基金會共同合作，透過大型的全國性活動，將富有教育意義的資訊傳送給近5000家KFC餐廳所服務的數千個社區。」

　　發送教育性的資訊確實有其必要。但是你認為這種「資訊

發送」，有多少機率能提供關於「良好飲食對於維持健康體重和預防癌症扮演重要關鍵角色」的訊息呢？你認為，這有多少機率參考許多（根據國家癌症研究院的網站）「已證明大腸直腸癌、胰臟癌和乳癌的發生跟攝取全熟、炸過或烤過的肉類有關」的研究呢？

如果你的答案是零，那你就答對了。

在此同時，美國癌症研究所的報告指出，60-70%的癌症可用改變生活型態來加以預防。他們首推的飲食建議是：「選擇以蔬食為主的飲食，內含豐富的各種蔬菜和水果、豆類，以及少量處理過的澱粉纖維食物。」這聽起來像是粉紅炸雞桶餐嗎？

請原諒我的譏諷用詞，但我還是不禁想問：如果科曼基金會要跟KFC合作，那為什麼不乾脆進一步跟香菸公司合作呢？他們可以銷售粉紅包裝的香菸，每賣出一包就捐幾分錢並同時宣稱：「你抽的每一包菸，都讓我們更接近永遠克服癌症的那一天。」

是哪個天才想到買一整桶炸雞是對抗乳癌的有效方法？有個乳癌關懷團體 —— 乳癌活動（Breast Cancer Action）認

為，科曼／肯德雞的活動實在非常糟糕，根本就是一種「漂粉紅」，這又是粉紅絲帶被染上商業色彩的另一個不良示範。他們說：「請別弄錯了，每賣出一個粉紅桶餐，肯德雞的獲益絕對比治療乳癌的好處多。」

當然，肯德雞的動機不難了解。他們希望可以賺錢還能塑造良好形象。但是這對他們企業一直以來的名聲並沒有太大的幫助。原因之一，他們企業向來因為不健康的食物而備受抨擊。就在啟動粉紅桶餐活動的幾星期之前，KFC 推出新的雙層雞排堡 ❶。幾乎沒有一個公衛組織不會對這種產品驚人的鹽、熱量和阻塞血管的脂肪嗤之以鼻。

生命終結在肯德雞桶餐 —— 無論是粉紅色或其他花樣 —— 的雞，受到的待遇也是令人膽顫心驚的嚴重問題。善待動物組織（PETA）有整個網頁專用於他們所謂的「殘忍的肯德雞」（Kentucky Fried Cruelty）❷，你不必身為動物權利運動者，也會對這家企業如何對待雞隻感到反感，因為一旦揭開

譯註
❶ 用兩塊炸雞當麵包夾起士和培根。
❷ 縮寫與肯德雞同為 KFC。

企業公關的面紗，你就會看到真相。

　　當善待動物組織的研究人員帶著隱藏式攝影機潛入KFC位在西維吉尼亞州墨菲德（Moorefield）、獲得「年度最佳供應商獎」的屠宰場時，他們發現的事實足以讓KFC被自己的粉紅宣傳噱頭給勒斃。影片裡的工作人員用力踩著雞隻、用腳踢牠們，而且用暴力把牠們摔在地上和牆上。影片還拍到員工扯掉雞喙、扭斷雞頭、把香菸吐在雞的眼睛和嘴巴、在牠們的臉上噴漆，並且用力擠壓雞的身體讓牠們排出穢物，而在整個過程中，雞隻都還沒斷氣。

　　丹・拉瑟（Dan Rather）在CBS晚間新聞重述許多看過影片者的觀點，他說：「影片如實描述，對動物真的相當殘忍，雞隻在被屠宰送往速食連鎖店前，受到了極其恐怖的對待。」

　　KFC當然極盡全力阻止影片播送，不過他們的努力並沒有成功。事實上，調查的影片最後在全世界的電視台播放，而且也出現在全國的三個晚間新聞節目、早安美國（Good Morning America），以及各家重要的有線新聞網。此外，有上百萬人隨後在PETA的網站上也看到了這部影片。

　　看到了KFC「年度最佳供應商獎」屠宰場裡出現的速食連

鎖店對待動物的殘酷手段，會加以譴責的人不只有動物權利保護者。肉品工業中具領導地位的農養動物福利專家天寶・葛蘭汀（Temple Grandin）博士說：「廠內員工的行為殘酷得令人震驚。」加拿大貴湖大學（University of Guelph）應用動物行為學系教授暨KFC所屬的動物福利諮詢委員會創始成員依恩・鄧肯（Ian Duncan）博士寫道：「這段影片呈現了我所見過的、對待雞隻的最殘忍景象……而且最叫人難以接受的是，竟然發生在美國。」

　　KFC在他們的網站上聲稱，他們的動物福利諮詢委員會「一直是我們制訂動物福利計畫的關鍵因素」。然而，鄧肯博士與其他五名前成員卻說事實並非如此。這些人都因為不滿企業拒絕嚴肅看待動物福利而主動求去。其中一名辭職的成員艾黛爾・道格拉斯（Adele Douglass）在《芝加哥論壇報》（*Chicago Tribune*）報導的年度財報上說：「KFC從來沒有開過任何會。他們也沒有要求過任何建議，然後卻厚著臉皮跟媒體說他們有個諮詢委員會。我覺得自己好像被利用了。」

　　現在你可以了解為什麼KFC急切想抓住任何機會來改善公共形象，想利用任何良機來將自己跟對抗乳癌扯上關係。不過

約翰・羅彬斯
食物革命最新報告

令人困惑不解的是，為什麼一個像蘇珊·科曼救治基金會這樣深受大眾信任的組織，甘冒風險讓自己失去大眾對自己真正的信賴。誠如某人說過的，建立名聲得花上一輩子的時間，但失去名聲只需要短短15分鐘。

事實勝於雄辯。蘇珊·科曼救治基金會跟KFC合作，就是讓自己在預防癌症的飲食這方面變得麻木不仁。

如果你想支持對抗乳癌的組織，或許你會想了解鮮為人知、但表現優異的「松樹街基金會」（Pine Street Foundation）。每個人都希望能及早發現乳癌，而松樹街基金會一直在發展乳房X光攝影檢查之外的其他有效方法。或許你知道蘇珊·科曼救治基金會向來是乳房X光攝影檢查的最重要擁護者，他們建議女性早在25歲就可以開始檢查。但乳房X光攝影檢查會讓女性的乳房受到輻射線的照射，因此如果經常重複檢查反倒可能提高乳癌的風險。

在一個大型的國際合作計畫中，松樹街基金會長期致力於研究利用狗的特異嗅覺能力，及早偵測出肺癌與乳癌。這項研究的依據是癌細胞會發出與正常細胞不同的代謝廢物，而狗敏銳的嗅覺可以察覺其間的差異，即使是發病的初期。到目前為

止，狗在初期和末期能正確辨別或排除肺癌和乳癌的可能性大約是90%，跟乳房X光攝影的正確性差不多，而且完全不需用到輻射。例如，在一項內含12,000多個獨立氣味嘗試的研究中，狗能藉由嗅聞呼氣的樣本辨認出肺癌和乳癌病人。狗的表現不受癌症病患的疾病階段影響，也不受病人的年紀、抽菸或最近吃的食物所影響。

我曾見過參與這些研究的狗（葡萄牙水獵犬以及黃色、黑色的拉布拉多獵犬），而且設計和進行這些研究的人真的讓我留下相當深刻的印象。遺憾的是，現在還無法由狗「篩檢出」你是否罹患癌症，但是在未來，這項研究所探討的概念還是有希望能引導出比乳房X光攝影檢查更精確、更沒有傷害的癌症篩檢方法。

松樹街基金會的努力，是現正新興的許多全新且充滿希望的可能性的優良範例。每一天都有越來越多的人和越來越多的團體在開創新的道路，邁向健康食物、真正預防、較少毒性，但卻更加有效的治療方法。例如，「癌症計畫」（Cancer Project）特別提倡以營養的方法來降低癌症風險，增進癌症預防。「乳癌活動」實現了罹患乳癌者的心聲，極力推動必要的

改變，終結乳癌的盛行。此外，「不要殺蟲劑組織」（Beyond Pesticides）則致力於保護公共衛生和環境，同時也引領我們邁向更安全、永續生存的世界。

　　活力充沛、基礎牢固又激勵人心的這些團體，還有許多跟他們相似的其他團體組織，都在朝著健康和明智健全的方向邁進。當KFC用「漂粉紅」的手法打響自己名號的時刻，這些團體會站在前線為我們立下健康、清明和人性成就的真正典範。

16 麥胖報告

摩根‧史柏路克（Morgan Spurlock）在他2004年發行的紀錄片「麥胖報告」（Super Size Me）中，試圖找出麥當勞的食物到底有多糟。我也在他的電影裡接受訪問，談到有關麥當勞的食物對於現今的肥胖和糖尿病盛行所扮演的角色。

整整30天，史柏路克只吃麥當勞的食物。所有參與影片拍攝的人，包括史柏路克的醫生都很訝異他的健康怎麼會在這麼短的時間內就惡化。在30天的實驗開始之前，我們都各自預測他的體重、膽固醇指數、肝酵素和其他生物標記會有多少改變，但每個人都嚴重低估了他健康受損的程度。30天結束後，這個32歲的男人體重增加了25磅（11.35公斤），膽固醇指數高到危險的程度，肝臟裡也有脂肪堆積，此外他還感覺到情緒波動、憂鬱、心悸和性功能障礙。

有些人說史柏路克是個笨蛋才會這樣吃。在這30天裡，他確實對自己造成了某些重大的傷害。然而我總覺得他一整個

約翰‧羅彬斯
食物革命最新報告

月餐餐都吃麥當勞，讓自己承受苦難的行為相當令人敬佩，因為這足以警告成千上萬的人，吃太多速食會對健康造成多真實切身的健康威脅。

「麥胖報告」引起很多人的共鳴，因此成為有史以來票房最高的紀錄片之一，並且榮獲奧斯卡金像獎（Academy Award）「最佳紀錄片」的提名。此外更重要的是，這部影片改變了無數人的飲食習慣。

2010年，一個醫生團體協同其他健康專家製作了一部短短（39秒）的廣告，或許這是廣告史上極富爭議的廣告之一。位於華盛頓特區（Washington D. C.）的美國醫師醫藥責任協會（PCRM）製作的「後果」（Consequences）廣告，目標對準了麥當勞的高脂肪菜單。這部挑動人心的廣告很快就家喻戶曉，因為在短短幾天之內，YouTube上的觀看人數已高達上百萬人次，世界各地的報紙和新聞媒體也加以報導，包括《華爾街日報》（*Wall Street Journal*）、英國《衛報》（*The Guardian*）、CNN、《紐約時報》（*New York Times*），以及數以百計的其他媒體。只要在YouTube上搜尋PCRM Consequences，就可以看到這部廣告。

廣告最後的「請開始吃素」（make it vegetarian），明顯可以看到PCRM贊成素食的傾向。許多令人信服的證據都一致顯示，吃素比較不會罹患跟典型西方飲食有關的疾病。我們也可以一再看到，素食者較少罹患肥胖症、冠狀動脈心臟病、高血壓、第二型糖尿病、大腸憩室症、便秘以及膽結石。他們罹患各種癌症的比例也比較低，包括大腸癌以及跟荷爾蒙有關的癌症，如前列腺癌、乳癌、子宮癌和卵巢癌。

　　你是否必須成為嚴格的素食者，才能享受素食飲食帶來的各種健康益處呢？不，沒有必要。重要的是，日常飲食以蔬食為主，主要的熱量來源要出自天然食物，如水果、蔬菜、全穀類，而加工食品、糖、不健康的脂肪以及動物產品則只占低比例。

　　標準的美式飲食（62%的熱量來自加工食品、25%是動物產品，只有5%是蔬菜水果）相當不健康。我們的速食文化已造成大量人口罹患慢性疾病，這也是健康照護的花費快壓垮每個人的主要原因。

　　目前一般美國家庭每年支付的健康保險費用，超過一個最低工資的全職工作者一整年的收入。每30秒，就有一個美國人

因為治療健康問題的花費而申請破產。

美國的醫療照護費用並非一直都那麼高，2011年，我們花在醫療照護上的費用超過了2.5兆美元。然而1950年，就在雷‧克洛克（Ray Kroc）開設第一家麥當勞餐廳的5年以前，美國人只花了84億美元（換算成今日的幣值是700億美元）。現在的人口確實比那時成長許多，但即使調整過通貨膨脹等變數，我們目前花在健康照護上的金額，大約10天就等於1950年的一整年費用。

巨幅成長的費用是否讓我們比較健康呢？今年年初，世界衛生組織評估不同國家的整體健康結果，美國名列第37名。

今日，盛行著大量可預防的疾病。為了這些疾病，美國人失去的不只是健康，還包括一生的積蓄。在此同時，有越來越多的證據指出，改善健康的重點在於多吃蔬菜、水果、全穀類和豆類，並且少吃加工食品、糖以及動物產品。

令我大受打擊的是，所有關於健康照護改革的激烈辯論之中，有項基本事實卻幾乎沒被討論，但光是這件事就可以大大降低健康照護的花費，同時增進大家的健康。

研究早已顯示，美國國內有50-70%的健康照護費用是可

以避免的，而多數人能用以增進健康的最有效妙招，就是養成更健康的飲食習慣。如果美國人停止過度飲食、不再吃不健康的食物，並改吃更多高營養密度、能預防癌症的食物，就可以擁有更負擔得起、更永續，而且更有效的健康照護系統。

美國人過重或肥胖的比例超過63%，已成為歷史上最肥胖的國家，這是麥當勞的錯嗎？我不這麼認為，因為每個人都有責任決定自己要把什麼東西放進自己的嘴裡，還有我們孩子的嘴裡。此外，其他許多速食連鎖店所供應的食物，有害的程度也不相上下。

然而，麥當勞在養成我們國人對不健康食物的胃口上，確實扮演著意義重大的角色。麥當勞顯然是國內最大的食物廣告客戶，每年花費超過10億美元在媒體上強打廣告。

麥當勞的多數廣告是針對兒童，而且成效卓越。每個月，大約每10個美國兒童之中，就有9個在麥當勞吃東西。多數的美國兒童在會說話以前就已經認得麥當勞，可悲的是，美國今年出生的兒童，每3個就有1個會在未來罹患糖尿病。

當然，速食並不是造成社會肥胖症和糖尿病比例悲劇性升高的唯一因素。我們的文化已養成病態性的久坐習慣。看電視

以及坐在電腦前好幾個小時，真的完全沒有好處。然而，麥當勞和其他速食餐廳販售的高糖、高脂肪食物，也確實是問題的主因。你得不斷走7小時，才能消耗掉一個大麥克漢堡、一杯可樂和一包薯條的熱量。

17 為孩子而戰

　　我們是如此擔心孩子們面臨的許多危險：藥物、戀童癖和暴力。但我們卻常常把實際上可能對兒童健康威脅最大的事情視為理所當然——每年花費數千億美元製作的廣告，而這些廣告內容是設計來讓他們對垃圾食物著迷。

　　這就是為什麼我認為這件事相當值得報導。2011年，超過550位健康專家和組織簽署一份給麥當勞的公開信，懇請速食業鉅頭停止對兒童行銷垃圾食物。國內各地許多重要大報都以一整頁的版面來特別刊出這封信。

　　信中沒有要求麥當勞停止「販售」垃圾食物給兒童，只是要求不要再對兒童「強力推銷」這些食物。

　　由非營利監察團體「國際公司負責組織」（Corporate Accountability International）發起的公開信活動，並沒有贏得一致的喝采。評論家試圖把這當作不過是另一個限制消費者自由的嘗試，不過是另一個保衛健康食物的人士命令你和孩子該

吃些什麼所做的努力。

他們認為麥當勞的食物或許是垃圾食物，但這是個人選擇。沒有人硬是強迫孩子去吃大麥克。真要說，那他們的父母在哪兒？為什麼他們不行使權力並負起責任呢？他們是否只想找別人來責怪為什麼自己的孩子肥胖又不健康呢？

當然，沒有人 —— 包括麥當勞 —— 懷疑我們現正眼看著患有肥胖症和飲食相關疾病的兒童越來越多。有些人試圖把罪怪在缺乏運動，但許多研究都顯示兒童的運動程度在過去20年來並沒有太大的改變。既然如此，那危機的根源究竟是什麼呢？

批評廣告活動的人以及麥當勞本身，直接了當把情勢怪罪在父母身上。他們說，問題在於父母不負責的放任不管。

跟那些評論者一樣，我也深信父母該負起責任。但是我和他們意見不同的地方在於，我全力贊成為阻止向兒童推銷垃圾食物所做的努力，因為麥當勞和其他速食業者的廣告都故意設計成要破壞父母的主控權。廣告業者稱這個手法為「纏人因素」。製作這些廣告的公關公司若無其事的講著要讓兒童變得「很討人厭」，讓他們「把父母逼瘋」。

目標就是讓兒童非常想吃速食，因而一直吵著要父母帶他們去麥當勞，買他們在廣告上看到的食物。吵到最後，終究會讓父母難以抵抗而妥協。持續不斷面對這種廣告的猛烈攻勢，有多少父母能夠一直堅守立場呢？

「纏人因素」有相當大的經濟意義。根據廣告客戶評估，去速食餐廳吃飯的次數中，每3次就有1次是因為孩子不停的吵鬧。

行銷策略相當聰明也很有效，但是非常狡猾。過去，通常都是父母有責任決定自己的孩子應該吃些什麼。但是麥當勞和其他速食業者每年花數十億美元針對兒童強打廣告，目的在奪走父母的決定權，把責任轉交到兒童手中。如此一來，廣告不僅僅助長了垃圾食物的消費，還提高了我們今日所目睹的毒害健康後果。或許更糟的是，在此同時，這種計畫性的行銷手法，逐漸破壞了父母在為孩子選擇健康食物上所扮演的角色。死纏爛打的廣告，會侵蝕父母對自己的尊重，也會磨損他們要求孩子對他們的尊重。

速食廣告瞄準兒童所造成的更嚴重後果是，年輕的孩子無法了解廣告的目的就是企圖控制他們的感覺並改變他們的行

為。明知道兒童不能理解廣告背後的勸誘意圖，還對他們推銷不健康的食物，這是否是一種剝削呢？這樣做合法嗎？

在請求麥當勞的執行長兼總裁吉姆·史金納（Jim Skinner）「停止對兒童行銷垃圾食物」的公開信中，連署的有世界各地健康飲食和疾病預防方面名副其實的傑出人物，包括作者安德魯·威爾醫師（Andrew Weil）和柯林·坎貝爾博士（T. Colin Campbell）。其他簽署者包括耶魯大學預防研究中心（Yale Prevention Research Center）主任暨《兒童肥胖》（*Child Obesity*）總編輯大衛·卡茨（David L. Katz）；約翰·霍普金斯大學彭博公共衛生學院（Johns Hopkins Bloomberg School of Public Health）的美好未來研究中心（Center for a Livable Future）主任羅伯特·勞倫思（Robert S. Lawrence）；紐約大學（New York University）營養、食物研究與公共衛生學系教授暨社會學系教授馬里翁·奈索（Marion Nestle）；以及哈佛公衛學院營養學系系主任瓦特·威力特（Walter Willett）。此封信件的內容如下：

作為直接致力於國家目前所面臨的最大宗可預防之健康

危機的健康專業者，我們要求你停止對兒童行銷垃圾食物。

生病兒童的比例高到難以置信。健康照護費用的激增以及健康照護系統的超載，讓疾病治療面臨空前的困難。而且，我們知道減少垃圾食物的行銷可以明顯增進兒童的健康。

我們的社會致力於照顧生病的兒童，並透過公共教育來預防疾病。然而，我們的努力無法與你們每年花在針對兒童行銷的數億美元相對抗。

現在，我們的私人診所、小兒科和急診室都擠滿了發生飲食狀況的兒童。根據疾管局（CDC）的資料顯示，未來數十年中，每3個兒童就有1個，會因為常常吃麥當勞之類的垃圾食物而罹患第二型糖尿病。這個世代，或許是美國歷史上首次出現預期壽命短過父母的世代。

糖尿病和心臟病之類的健康狀況增加，就是在反映你的事業成長，藉由大量向兒童行銷而推動的成長……

在了解速食不健康的情況下，你卻把飲食疾病盛行的責任通通歸咎於父母不負責的放任不管……

即使當父母抵禦由麥當勞製造的「嘮叨效應」，而讓12歲以下的兒童所控制的年購買金額接近400-500億時，廣告創造的品牌忠誠還是會持續到成年時期……

我們要求你……撤回你促使兒童購買高鹽、高糖、高脂肪和高熱量食物的行銷手段。

麥當勞聲稱自己已經做得夠多，因為他們也參與了兒童飲食廣告自律措施（Children's Food and Beverage Advertising Initiative）。然而這項計畫，只是由漢堡王、可口可樂、賀喜、瑪氏、雀巢與麥當勞的代表一起提出的完全自願性陳述。你可以想像各家公司在自律下所做的「誓言」，絕對不會採取任何實質舉動抑止對兒童行銷垃圾食物。

此外，麥當勞有什麼理由想主動終止這項業務呢？2009年，麥當勞的執行長兼總裁史金納所付出的時間和努力，得到的報酬是1,700多萬美元。

同一時間，他的公司每天都花費數百萬美金製作以兒童為對象的廣告。

如果我們愛孩子，為什麼要讓企業用精巧的廣告轟炸他

們，讓他們渴望會戕害健康的食物呢？

　　行銷廣告設計的目的就是要讓孩子上鉤，破壞父母的主控權。傷害相當嚴重，而且影響一輩子。

　　現在，不就是我們該保護家人並禁止這種廣告的時候嗎？

18 維他命水的詭計

當這篇文章於2010年首次出現在《哈芬登郵報》時,讀者將近上百萬,而且很快成為網站史上最廣受矚目的嚴正新聞。可口可樂公司對此相當感冒。

日前,出現了一些你想像不到的事情。可口可樂公司被一個非營利公共利益團體控告,理由是他們生產的「維他命水」高舉一些未經證實的健康主張。這件事本身並不令人訝異。但你認為他們會如何為自己辯護呢?

可口可樂公司的律師發揮了難以置信的扭曲邏輯本事,他們為訴訟所做的辯護是,堅稱「理性的消費者不可能被誤導而相信維他命水是健康飲品」。

這是否表示如果你相信一個名叫「維他命水」的產品、一個被強力行銷成健康飲料的產品真的對健康有益,你就是沒有理性的人呢?

約翰 · 羅彬斯
食物革命最新報告

或者說，這是否表示公司為自家的產品說謊也無所謂，只要他們之後可以轉頭聲稱沒有人會真正相信他們的謊言呢？

事實上，這項產品基本上就是糖水，加在裡面的合成維他命大概只值幾毛錢。糖的總量不只一點點，一瓶維他命水含有33公克的糖，所以這瓶水比較像汽水而不是健康飲料。

這種行銷計謀難道沒有造成任何傷害嗎？畢竟，有人可能會說消費者至少有喝到一些維他命，而且維他命水的含糖量沒有正常的可樂那麼多。

確實如此。但是現在有將近35%的美國人被診斷為肥胖症，另外有2/3的美國人過重。健康專家們通常對任何事物幾乎都意見相左，不過他們一致同意添加的糖在肥胖的盛行率中扮演關鍵角色，也是導致比抽菸花費更多的醫療費用問題。

有體重問題的人，有多少曾喝過維他命水之類的產品，並錯誤的相信產品能提供營養而且不會帶來熱量的後果呢？有多少人曾認為從減重的觀點來看，喝維他命水是種聰明的選擇呢？特意命名為「維他命水」，不就表示本產品只有水加上營養素，試圖掩蓋實際上裡面滿是添加糖分的事實。

真正的情況是，當你要減重時，你喝的東西或許甚至比你

吃的東西更重要。現今的美國人有將近25%的熱量來自於液體。2009年，約翰‧霍普金斯大學彭博公共衛生學院的研究人員在《美國臨床營養學期刊》發表了一篇報告，他們發現減輕體重的最快、最可靠方法是減少液態熱量的攝取，而減少液態熱量攝取的最佳方式便是減少或完全不喝含糖飲料。

此時，可口可樂公司在維他命水這條產品線投資了數十億美元，聘請柯比‧布萊恩（Kobe Bryant）和小皇帝萊布朗‧詹姆斯（Lebron James）等籃球明星在廣告中出現，強調飲料是讓消費者補充水分的健康選擇。當詹姆斯在電視特輯上高調宣布決定加入邁阿密熱火隊（Miami Heat）時，許多公司花費大把銀子想讓自家產品、名號在影片中露臉。然而，整場節目中就屬維他命水最耀眼。

公眾利益科學研究中心（Center for Science in the Public Interest）的訴訟主張，維他命水的標示和廣告充滿了「詐欺與沒有事實根據的宣稱」。美國地方法院紐約東區聯邦法官約翰‧格林生（John Gleeson）在他近期55頁的裁決中寫道：「在口頭辯論中，被告（可口可樂公司）提出，理性的消費者不可能被誤導認為維他命水是健康飲品。」法官注意到飲料業

鉅頭沒有主張訴訟在事實根據上有誤，於是他寫道：「因此，我必須接受控告的事實主張為真。」

我還是無法原諒可口可樂在法律案件裡超乎尋常的厚顏無恥。他們在法院被迫為自己辯護時，承認維他命水不是健康產品，但是又爭辯說，把維他命水當作健康飲料來打的廣告，並不是錯誤的廣告，因為沒有人會相信這麼荒謬的主張。

我猜這就是為什麼他們花了好幾億美金宣傳產品，聲稱會讓你時時「健壯如馬」，而且會帶來「身心都美好的健康狀態」。

我們為什麼要讓可口可樂這樣的公司來告訴我們，喝一瓶添加一點點水溶性維他命的糖水，是符合營養需求的合理方式呢？

在此我的建議是，如果你想尋找健康又便宜的補充水分方式，請試試看喝水。如果你希望喝的水有些味道，可以在水裡加點檸檬汁和一點點蜂蜜或楓糖。另一種選擇是以 1:3 或 1:4 的比例混合果汁和開水。或者你可以喝冰或熱的綠茶，如果想要也可以加些檸檬和一點點糖。如果你希望有更多變化，那就試試用一半的果汁對一半的蘇打水。

如果你家的自來水喝起來味道不好，或你懷疑水裡含鉛或其他污染物質，那就在水龍頭下加裝過濾器 ❶ 。

　　此外，仰賴飲料公司獲得維他命和其他重要營養物質不是最佳辦法。**攝取大量的蔬菜和水果**，才能更可靠、一致、誠實的為你提供所需營養。

譯註

1 美國的自來水大多可以生飲。

four

在這混亂的
世界如何與人相處

19 牢記人際關係有多麼重要

我總是相信一個人吃的食物品質與他們能過的生活品質，兩者之間有強烈的關聯。因此，我試著認真辨別我所吃的東西。我大部分只吃健康、天然的食物。我幾乎比所認識的任何人都吃更多的新鮮蔬菜，特別是綠色蔬菜。我甚至有件T恤，一面寫著Plant Strong（蔬食至上）、另一面則是Eat Greens（多吃青菜）。

我很確定，就算知道有朋友、親戚對他們的食物選擇不太謹慎，你也不會感到驚訝。

或者至少這是我的看法（關於他們不太謹慎這點），雖然他們的說法可能有所不同。事實上，他們可能說自己對於食物的選擇比較不執著，或者對這一切比較隨和、放鬆。

然而不管你怎麼看待，我們跟他們之間確實有所不同。因此我最近一直在思考，對於這些差異我會有什麼樣的反應。這向來都不簡單。

我試著尊重他人作自己選擇的權利。沒有人喜歡覺得自己得防禦或是被批評。我希望自己能夠記住，每個人都是靠自己選擇人生的道路。在此同時，我也關心這些人，並且希望他們都能知道長壽、健康人生的一切美好喜樂。表達關心是門藝術，要讓對方有機會感受到被支持，而不是被評判。

我住的鎮上有個年輕人，或許他就是那種完全不精於這門藝術的人。他常常把場面弄得很僵，好像自己有責任教育別人的生活選擇出了什麼錯誤。

有一天，在某家健康食品店的結帳隊伍裡，我發現自己排在他後面。站在他前面的是一位帶著三個小孩的媽媽，她看起來壓力不小。年輕人並不認識那位女士，但是這點完全阻止不了他的反應。當貨品在輸送帶上移向收銀機時，他開始不以為然的指著她買的東西。

他大聲斥責她說：「你有沒有發現你餵孩子吃的垃圾食物會對他們造成多大的傷害？」我看著那些食物，老實說，並不覺得每一樣都很糟糕。我看到香蕉、蘋果、罐頭豆子、巧克力牛奶、義大利麵醬、兩袋玉米片，還有一些其他東西。

他怒視著一包有機餅乾，不太友善的問道：「你知道這些

餅乾裡有多少糖嗎？你難道不了解這種東西有多不好嗎？」

看著他這麼做，我猛然想起馬丁・路德・金恩（Martin Luther King）曾說過：「如果你讓人感受到潛藏的蔑視，那你對他們也不具有所謂的道德權威。」

我認為就這個年輕人輕蔑的言語來看，那位母親真的沒必要聽他的話。然而，其實我也在做相同的事，我必須承認這是個令人難堪的經驗，當時我的心裡滿是跟他一樣的蔑視，只不過我的對象是他。

常言道，我們總是喜歡把自己的罪怪在別人頭上。我們會把自己的缺點投射在他人身上，然後想辦法挑剔他們。我們對別人的批評，往往就是我們自己不願意承認的缺點。

這個男人的傲慢是否可能反映他不喜歡自己的某些地方呢？

有時，我太過熱衷相信自己的信念，以致於讓自己變得既固執又不注意他人。我曾發現自己會變成這樣心胸狹窄的人，只認同自己的意見，即便這樣明顯會破壞我的人際關係卻依然故我。

看著別人做出我不喜歡的行為而反映出自己的短處，並不

約翰・羅彬斯
食物革命最新報告

是件令人愉快的事，但卻對我相當有幫助。因為這讓我能觸及自己需要再努力的部分。因此，我不再那麼蔑視那個男人，同時也開始思考自己在日常處事中的某些重要問題。

我能如何真誠的面對自己，並且盡可能對別人懷抱無條件的愛呢？我能如何不偏離自己的正道，同時也能尊敬選擇不同道路的人們？我能如何對自己的價值和原則充滿熱情，同時也不忘尊重做出不同選擇的人呢？

我不確定自己想不想跟這個年輕男子有所互動，但是當我也想要這麼做時，立刻想起一條金科玉律：己所不欲、勿施於人。好吧，當我陷入自負的狂妄自大時，怎麼會願意與別人和睦相處呢？我是否有可能真誠的認同他和他所做的事，並且對他感到悲憫而不是蔑視呢？

那個不勝其擾的媽媽終於結完帳，帶著孩子、推著推車走出門口，朝停車場前進。收銀員開始為我前面這個年輕男子結帳。

「看來你相當注重健康。」我這麼說。

「那是當然！」他驕傲的回答。「我只吃生的、有機、當地栽種的食物。」他指著所買的食物，顯得相當高興。

「這對你有什麼益處呢？」我問。

「太棒了！」他大聲宣告，就好像自己贏得了某項競賽。

我輕聲說：「我很高興聽到你這麼說。」他咧嘴而笑，而且第一次回頭看了看我。我覺得自己有了開場的時機，所以決定冒個險。

「我聽到你跟那位帶著小孩的女士所說的話。」

「是啊，她需要有人來指正她。」

「她被你說得好像有點不好意思。」

「她是應該覺得不好意思。」

「你想不想聽一聽我注意到什麼？」我問他。

「也是可以啦，」他這樣回答，口氣似乎不太確定，但我還是決定把他的回答當成答應。

我說：「我知道你想幫她，不過我從以往許多錯誤經驗學到，羞辱別人通常不是鼓勵他們的最好方法。我發現唯有自己能欣賞領會，事情才比較有發展的可能。這就是為什麼我願意先認同別人所做的選擇。我看過很多人給自己的孩子吃一大堆比她買的還要更糟的東西。」

他好像在聽，但是我不太確定。

我繼續說：「或許她還是有些優點值得稱讚。誰知道呢？也許她以前給小孩吃巧克力泡芙或是早餐做煎培根肉，就跟這個國家的許多媽媽一樣，但是現在的她正努力要做得更好。或許她所做的健康選擇需要受到肯定，不是因為沒有符合別人的標準生活而受到批評。」

我擔心自己所說的話可能引起他的防備，但他似乎冷靜的在想些什麼，並沒有表現得那麼自我。也有可能，他的安靜只是因為他正在想辦法反駁我。我不確定自己的小雞婆會如何收場。

就在那個時候，裝袋員把年輕男子買的東西放進他的推車並謝謝他的光臨。在年輕男子正要離去之際，他轉身快速的看了一眼我買了些什麼，這些東西現在正一個個躺在輸送帶上。除了許多的新鮮蔬菜和水果，還有一袋有機洋芋片，當時我真的很想把這袋洋芋片藏起來。更重要的是，輸送帶上還有幾條我很喜歡的黑巧克力 —— 顯然這是讓他多看幾眼的原因。

此刻，我猜想自己也會受到跟那個媽媽一樣的待遇，但後來我發現他的臉部表情有所改變，看起來像是鬆了口氣。他說：「我也喜歡那種巧克力，那是有機的而且是公平交易。」

他的聲音聽起來真的很友善親切。

我說：「是啊，沒錯，而且非常好吃。」

「對，很好吃。」他開懷的笑著說。「祝你有個愉快的一天。」

「你也是。」

我很高興自己沒有順著一開始的衝動，直接斥責他對那個媽媽說話的態度。我很高興自己找到跟他說話的方式，而不是大聲說教。

當我們要對批評做出反應時，當我們想懲罰和羞辱那些沒有實踐我們的理想的人時，我們其實只不過是在延續痛苦的循環。

20 是否該阻止朋友吃垃圾食物？

　　我寫了8本關於健康生活以及營養飲食的書籍。這些書銷售了上百萬本，而且被翻譯成大約30種語言，因此，我知道我的努力已經遍及許多人的生活。我的第一本書——《新世紀飲食》於1987年首次出版，時間早在電子郵件和網路出現之前。當時我接到6萬多封讀者的來信（沒錯，是真正的信件），感謝我帶給他們的啟發，也讓他們感到自己從書中獲得支持。做這項工作是種殊榮，我很感激有機會能幫助人們為自己的健康負起責任，並且為他們與廣闊地球社群之間的關係負責。

　　但是，就像多數人一樣，我還是有些朋友和家人對於我所說的事物不太感興趣。此外，我也跟所有人一樣，身處於充滿加工食品的環境中，這些食品企業在我們很小的時候就不斷用廣告轟炸我們，促使我們吃下像是食物的東西，然而這些東西

其實含有高得不得了的糖分、不好的脂肪和熱量，實際上卻沒有多少營養。

我常常問，我跟那些顯然沒興趣為選擇健康食物負任何責任的人有著什麼樣的關係。通常，我對這樣的人不會進行太努力的嘗試。我的書隨手可得，另外也有其他許多很好的書籍和紀錄片，支持著人們攝取更營養的飲食。但是當然，如果對方是家人或朋友，對他們置之不理就不是那麼簡單。因此，有時真的叫人十分掙扎。

我試著盡可能有風度的接受這些掙扎，並且謹記即便我不喜歡某人的行為，但我跟他們的心還是緊緊相繫。

我有一位朋友，長期飽受憂鬱症之苦。他的飲食內容主要是薯條、汽水和漢堡。我甚至不確定如果他看到一樣蔬菜，是否能認得出那是什麼菜。因為他知道我吃得比他健康許多，所以他不時覺得需要向我辯護他的飲食習慣。他上次這麼做時，還是一再重複我已經聽他說過好幾遍的某些事：

「事情都很糟糕，還不如試著讓自己好過一點。」

「沒錯，」在這特殊的情況下我如此回應，了解他正在受苦而希望能體貼一些，但我也知道自己必須說些不會陷入跟他

一樣自憐的話。我說：「我常常聽你這麼說，我也同意這是看事情的一種態度。你要不要試著開放一些，聽聽其他的可能呢？」

他聳聳肩回答：「比方什麼？」

「你跟我說生活有時會很辛苦，所以為什麼不在可以的情況下找些小小的樂趣。」

「是的，完全正確。」他回應道。

「嗯，換個角度來看。你有沒有想過自己有可能藉由好好照顧自己而活得更健康、更有活力，以此獲得生活的許多樂趣呢？」

他看來似乎不抱希望。至少在今天，他的冷嘲熱諷勝出。我給了他一個擁抱，告訴他無論他做什麼，我都還是愛他。我不覺得自己說的話對他有用，但我確實感受到我對他的關懷而且我也對自己誠實，因此我很高興能把話說出來。

那天當我們道別的時候，我為他做了簡單的禱告：願你活出最真實的內在，過著豐盛的人生。

我也有另一個朋友超重了100磅（45.4公斤），還有朋友經常抱怨自己覺得多糟以及沒有什麼活力。她的早餐是甜甜圈

和咖啡，而且把自己的廚房稱做「垃圾食物中心」。有一天，我看著她吃掉一整包家庭號Oreo餅乾，然後唸著自己的咒語，這些話是她重複說來為自己不健康的飲食模式辯解。

她說：「為什麼要委屈自己？生命只有一次。」

通常，她這麼說時，我只是微笑並祝她過得愉快。我知道她的生活很辛苦，我也知道她相當固執，所以真的沒有太多空間可以對她說些什麼。但是在這特別的一天，看著她狼吞虎嚥塞下這麼多Oreo餅乾，這次我真的覺得太超過了，再也無法保持沉默。

我說：「如果你只活一次，那麼吃些健康的食物，好讓自己感到更有生氣、更有活力，而從僅此一回的人生中獲得最多，不是比較有道理嗎？」

你可以想見這麼說話的我可能不太討人喜歡。但令人納悶的是，朋友都沒有被我嚇走。而在這個例子中，對方也沒有把我的話聽進去。

「健康，」她大聲反駁說：「不過就是些業障和遺傳基因的作用。你吃些什麼，對健康最多只有1％的影響。」

我緘默了一會兒，找不到任何觀點可以跟她爭辯。然而她

沒有就此罷手。

「關於這點你怎麼說？」她問道。

我慢慢的回答：「我只是在想，完全不了解情況就加以否定會有多麼簡單。」

「你是不是暗示我在否認？」她不耐的生氣說。

「我不知道。」我回答。「你自己怎麼想呢？你覺不覺得自己有一絲絲的機會可能有一點點在否認呢？」

她拿起廚房毛巾笑笑的拍了拍我。

她說：「約翰，我該拿你怎麼辦好呢？你真是無情。但你真的很關心我，不是嗎？」

那時，我很高興自己長得夠高。當我們擁抱時，我長長的手臂可以完全環抱住她。我們四目相接，此刻可以感受到彼此對對方的了解，然後我們都笑了。

願我們每個人都有勇氣來改變我們能改變的事、能平靜接受我們無法改變的事，並且有智慧知道其間的差異。

21 麥可

關於我想找到方法可以不帶批評又能幫助亂吃東西者的承諾，在我一個朋友罹患大腸癌時，受到了嚴厲的考驗。我跟麥可之間的關係一直以來都很緊繃。老實說，他其實有點討人厭。當我們外出吃東西時，他總是 —— 明知道我吃素而且寫過這類的書 —— 問我，我比較喜歡牛排還是漢堡。他老是在吃飯的過程中，特別對我強調他吃的肉或冰淇淋多麼美味，還作勢要請我吃一口。自始至終，他表現得就像是他會這麼做，出發點完全都是因為感情以及大方關心我的健康。

這類事情不只在餐廳出現。麥可和我會一起跑步。如果他在我們偶爾一起長跑時超越我，就會得意洋洋大聲宣布，他這麼厲害完全是因為那天早餐吃的培根肉。我很確定，即使當天早上他吃的是穀片，他還是會這麼說。

不過，我並沒有因此而發火。我只是笑一笑，在心裡發

誓下次我一定要贏。但是我從來都沒贏過。他在高中時曾贏得越野跑步冠軍，而且真的很有天賦，至於我，我只能說我盡力了。

儘管如此，我還是很擔心他。或許因為體能之類的事情對麥可而言總是輕而易舉，所以他似乎把自己的健康視為理所當然。除了我們的跑步，他不太運動，而且隨著年紀越大，他的體重也增加了不少。不過他對於跑步越來越沒有興趣，到最後也就完全沒再跑過。

我怪他顯然是害怕輸給我，所以他不願再跑的理由只是不想看到我在他之前跨越終點線。他的回答很清楚明白：「這位早餐吃豆芽的先生，其實是因為我的屁股。我就算是用單腳跳，你也贏不了我。」當然，事情才不是這樣，我從來沒有在早餐吃豆芽菜。

我曾經跟他提過「不害」（ahimsa）❶，一種非暴力的練習，練習對一切眾生都心懷慈悲。

||||||||||||||||||||||||||||||||||||||||||||||||||||||||||||||||||||||||||||||||||||||||||||||||||||||||||||||||||

譯註
1 梵文，意指不殺害、不傷害，並且尊重生命，尊重思想、言語和行為的正直。

在這混亂的
世界如何與人相處

four

243

他回答：「這聽起來不賴，我對不害很有興趣，對自己不害。我不會讓拒絕一片美味的烤牛肉來傷害我自己。想要一起加入嗎？」

「不用了，謝謝。」我輕聲回答，沒有再多說其他的話。我不想跟他爭辯。我不希望再製造更多的距離。我想，光是他自己製造的距離就已經夠大了。

他回應：「沒關係。但是請不要忘了，植物也有意識。」他指著我的沙拉這麼說：「你正在謀殺這些可憐的生菜葉。」

又有一次，我告訴他很關心他的健康。「我不希望看到你生病。」我提到，像他這種飲食習慣的人，常常會發展出一些慢性疾病，像癌症。

他回答：「或許吧。如果命中注定如此，事情就是會發生。」他的話聽起來很認命。

就在麥可的體重增加更多而且完全不再運動之後，他的太太也開始擔心起來。「他變得越來越暴躁易怒。更嚴重的是，他再也不跟我聊聊他的任何感受，而是把所有閒暇時間都耗在電腦上。」

我們彼此越來越少碰面，直到有一天麥可打電話給我說，

需要跟我好好談一談。他去看過醫生，知道了一些不好的消息。問我可以過去一趟嗎？

我說可以，我立刻過去。

當我到達的時候，他家裡的氣氛相當沉悶凝重。他太太先開口說話，告訴我麥可被診斷出罹患了相當嚴重的大腸癌：Dukes' D（大腸癌第四期）。我知道這代表什麼意思。癌細胞已經擴散到身體各處。

大腸癌第四期的預後相當不佳。5年的存活率大約是5%，如果能以手術完全切除肝臟轉移，最好的情況或許有20%。

他們都嚇壞了。我一邊聽著，邊覺得心臟不太舒服。我想著，喔，麥可、喔，麥可！為什麼你不聽我的話？我不是告訴過你嗎？表面上，我試著傾聽而且支持他們，但我的內心非常生氣、受傷，氣麥可不好好照顧自己、氣上帝為什麼讓這種事發生，也氣自己沒能阻止這件事發生。

我盡可能仔細聆聽，並且詢問了幾個問題。他們談到他的治療選擇，還有關於目前要處理的經濟壓力。一個字都沒有提到飲食。我留下來跟他們一起吃晚餐。麥可吃的是漢堡、薯條和一桶冰淇淋。他似乎很沮喪。

僅此一次，他沒有揶揄的說著關於我健康意識的笑話，然而或許這也是第一次，我真心希望他能夠這麼做。我希望他還是一副愚蠢、愛戲弄人的老樣子。他或許曾是個混蛋，但我們依然是好兄弟、好夥伴、好朋友、好哥兒們。喔，麥可。

　　我非常傷心，希望能否認這一切。我不想面對之後會發生的事。我希望以前的麥可回來，就算他是個混蛋也沒有關係。

　　接下來的幾星期，麥可接受了手術、進行了化療。他度過了一段相當痛苦的時日，那時他一直感到噁心、腹痛、嘔吐、腹瀉，還有一大堆各式各樣的不舒服，但他還是把治癒的希望寄託在藥物上。他很清楚自己不想討論另類療法或輔助療法。

　　我很難不對此加以批評。當麥可抱怨自己覺得多無助時，我試著去理解並協助他做出明智且有根據的選擇，但我不禁在內心想著：「你以前為什麼不多想想這些？當你在亂吃的時候，你還要期望些什麼？」他說，至少他整頓了自己的飲食，但我不相信。就我所知，他還是在吃過去一直吃的垃圾食物。

　　麥可直到臨終仍然沒有比較愉悅或舒服。不過當我現在回顧這段往事時，有件事讓我相當難忘。我不想太過強調，但對我而言很重要。

我最後幾次見到他時，有次麥可告訴我：「謝謝你沒有把你的經驗強加在我身上。我討厭蔬菜，就是那麼簡單。」

　　「我很感激你這麼說。但說實話，麥可，我很難過自己沒有更獨斷一點。如果我這樣做，可能對你多少有些好處。」

　　「不，不會。我根本就固執己見，不會聽你的話。」

　　他停下來，抓住我的手說：「約翰，我感受到你的愛。我一直都感受到你的愛。你知道那意謂著什麼嗎？」

　　「不，不知道。」

　　「超過你所想像，你這個蘿蔔腦袋。」

　　我記不得其他的對話，只記得自己已泣不成聲。

22 苦難

　　生活可能很辛苦，無庸置疑。有時，傷痛似乎就像是人會呼吸一般平常。我想問的問題是：我們是否有可能察覺到自己所受的苦，同時還能保持清明、內在平靜以及個人力量，好讓我們能對環境做出有效的反應呢？我們是否可能接受苦難的現實，也以行動盡己所能去預防和減緩呢？

　　我不認為我們能靠著否認自己的痛苦而做到這些。當我們把苦難推開時，我們是在與自己的真相對抗，反倒會造成不同層面的病痛。飲食極為重要，然而現代世界最不受承認的疾病來源之一，是情感壓抑，以及喜悅與活力的能力衰退的結果。

　　武裝自己，試圖避免經歷失去的努力，使得我們耗盡精力。不斷的維護情緒，更讓人精疲力竭。我們變得被動和順從，不是因為我們不在乎，而是因為我們不傷悲。我們自我關機，因為我們讓自己的心被失去填滿，因而沒有多餘的空間可以感受。像休息、運動、玩樂，以及釋放不切實際的期待之類

的事，都能有所幫助。然而，有時候，我們只有在學會如何與痛苦共存、在我們與自己的苦難深深相依、在我們懂得如何傷悲時，才能夠真正開始痊癒。

這永遠都不是件容易的事，但如果我們試圖不去面對各種事物造成的痛苦，如果我們不惜任何代價都要尋求安逸，就無法與那些能讓我們健康和完整的他人，擁有愛和情感的聯繫。如果我們壓抑自己的哀傷，我們就是在扼殺我們的心。

我們很早就學到要把受苦視為敵人而加以抵禦，拒絕任何困難、不愉快、令人失望的事物。我們往往會對自己的傷口做出嚴厲的評判。療癒得針對我們的苦難，讓傷痛引發能帶給我們更完整、更全人的反應。

療癒始於做自己，誠實的面對屬於我們自己和這個世界的現實。悲憫，需要有面對受苦的勇氣。

我所認識、曾作為我的導師並指引我的心與人生的人們，擁有與他人分享喜悅的方式，或許同樣重要的是，他們也能與他人共享恐懼和悲傷。他們認知到，我們每個人都曾有感到挫敗與不堪負荷的時刻、都有過感到極為孤獨的時刻、都有想躲在角落舔噬自己傷口的時刻。他們知道，我們每個人的靈魂都

有黑暗深處，他們了解在那樣的時刻，有必要與他人相處，那些我們能向他們誠實、並展示脆弱情緒的對象。如此，即便身處於絕望之中，我們還是會記得自己屬於某個群體，我們還是會想起有人在關心自己，而且我們會知道自己依然走在人生的道路上。我們的悲傷，會成為將我們是誰與我們的熱情、承諾、勇氣和脆弱相連結的源頭。

這是我們此時此刻絕對有必要了解的事，因為我不認為有人能在知道世界萬物的浩瀚無限後，卻不會感受到生命的痛苦並恐懼我們的集體未來。當然，我們每個人都有自己的苦難，我們個人的損失、失望和挫折。但今日存在於我們之中的痛苦，已不再僅屬於個人。它會影響我們每個人的生活，也會影響其他更重要的事物。這是地球上，現正安危未定的一切生命所面對的未來。

這樣的悲哀屬於我們每一個人。是我們時代的本質，也是我們共同擁抱的內涵。在我們共有痛苦的深處，我們還可以感受到我們共享的關懷、相互的祈禱，以及我們有行動能力的根源。我們感受的痛苦，能打破關起我們反應能力的硬殼。在這樣的時代裡，將有某些珍貴的事物誕生。在我們共有的痛苦

中，我們正竭力讓這珍寶出生。

我們現在所生活的時代，是某些人稱之為「大轉變」的時代，然而卻也是大破壞的時代。在這樣的時代，我相信我們有任務要同時注意被否認以及正要誕生的事物，留心悲劇以及美麗的事物。我們都要能無畏痛苦也無畏喜樂，要記住沒有感受就是終點，並且更要堅定我們的力量以做出改變。

我們正見證這個時代近乎聖經規模般的戰爭、毀滅、災禍和瘟疫。但是，我們要如何面對這些災難不幸，全都由我們自己決定。我們可以任由它們粉碎我們的決心以及對可能性的感受。凝視這歷史觀點，我們可以轉頭不看。或者，我們可以利用痛苦，對於能使自己和世界都有益且賦予生命的一切，給予更深的承諾。

在這樣的時代，要保持自己和人類的更大可能性並非易事，而對於我們的集體未來，也不容易抱持信心。乾旱、暴風雨以及海平面升高，都在帶著人類社會往危機四伏的邊緣靠近。然而今日至為重要的是，我們不能放棄自己與彼此，要繼續相信人類天性的更高可能。就跟許多人一樣，我也從現實中汲取力量，身為人類，我們感謝擁有金恩博士、曼德

拉（Nelson Mandela）以及翁山蘇姬這樣的人們。此外，我還知道有成千上百萬不知名的人們，在沒有掌聲的情況下辛勤勞苦，儘管如此，他們的生命仍在極力展現深刻的慷慨、智慧與勇氣。四處所見，盡是一般人們願意將戰慄轉化為承諾、將破碎轉化為藝術、將心碎轉化為同理心。這世界的每一個角落細縫，都有人願意勇敢面對未知的可能性，期望能恢復人類的悲憫、希望和療癒。

例如，我想到有許多人數十年來日復一日的持續努力，因而我們現在幾乎是永遠從地球表面抹去天花和小兒麻痺的蹤跡。此外，世界各地的億萬人們也正致力於創造環境的永續、心靈的滿足，以及地球上人類存在的社會正義。

下次，若有任何人告訴你，你是誰並不重要，或你的行為與愛沒什麼大不了，你就必須知道：每一個決定自己怎麼生活就代表自己珍視什麼的人，都絕對不會孤單。暴政本身有多久，為公平正義的努力就有多久，而期盼由愛指引世界的渴望也跟人心一樣長久。

23 更堅強面對困境

我是個渴望世界和平的人。或許你也是。然而每一天，我們的世界都有超過40億美金花在戰爭上。過去這一百年，顯然是人類史上最血腥的一段歲月。

我支持人權和人性尊嚴。我希望每個孩童都能健康、強壯的成長。我絕對相信你也這麼希望。但是今天，就跟每一天一樣，有2萬名兒童死於飢餓和貧窮。2011年的美國，幾乎有25%的兒童生活水準在貧困線之下，而有超過4,500萬的美國人仰賴食物券❶才有食物可吃。

我相信要維持四海之內皆兄弟的情誼。我堅信所有人類與生俱來的價值。然而美國目前最富有的400個人，掌控了全美1.5億以上的財富。在2010年，全美前100名收入最高的總裁

譯註
1 美國政府發給低收入者以兌換食物。

中，有25個人的收入超過他們的公司繳交的聯邦所得稅。

我相信要保持對人生的正向態度。然而森林消失、珊瑚礁遭到破壞、北極冰帽溶解，以及物種逐漸滅絕的速度，正在破壞地球支撐人類文明的能力。

我從與動物的關係中汲取力量。我有幾個最好的四隻腳朋友，或許你也是，跟動物維繫美好的關係，將使你的人生更為豐富。然而今天幾乎所有的肉類和乳製品，都出自生長在飼養條件苛刻的動物。

我們的時代有各種形形色色的痛苦和缺失。越來越多人失業和無家可歸；還有海嘯和恐怖份子、核電廠熔毀，以及世界經濟崩盤的恐慌。現今世界發生的許多狀況，真的是連天使都要為之傷心落淚。

然而，我還是相信，如果我們面對生命的苦難和毀壞，並且願意找到方法來正面、有效回應，一定終能招引積極生活的力量。即使面對蒼涼無望，我們也必定能聽從自己的創造力和喜悅。即使身處在許多令人心碎的新聞中，我們也必定能勇於夢想和平、豐富與無限可能。

有時，我們的星球似乎正朝著毀滅行進，然而，我們其

實也正活在一個奇蹟的年代。有些事物因為太過尋常，所以常被視為理所當然。我們有著色彩的奇蹟與音樂的奇蹟；我們有著眼淚的奇蹟與歡笑的奇蹟；我們有著微風的奇蹟與日落的奇蹟；我們有著仁慈的奇蹟與寬恕的奇蹟；我們還擁有的奇蹟是，人們即使面對浩劫與悲痛，卻仍然不斷勇往直前為更快樂的世界而努力。

在這獨特的時刻，人們學習新的溝通方式以了解彼此並解決衝突。就在此刻，人們學習著閱讀，而同時有他人正在寫詩，還有些人試圖將毀壞的土地恢復生機。有人奉獻一生只為終止兒童遭受性虐待，另有其他人全心努力想把飢餓變成歷史。感謝無數善心和努力的人們，因為有了他們，我們的關係變得越來越好、有益健康的新方法越來越多、長久以來的鬥爭被彌平，人們也找到方法來恢復自己跟這個星球的關係。越來越多人對自己的健康負責並獻身於此，他們的家人和社群也因而得以興盛茁壯。我們一定要記住，此時就跟任何時刻一樣，有越來越多的人在為自己、為所有的孩童，努力創造更美好的世界，從現在直到未來。

我們完成了嗎？或者是否有可能我們才只是剛開始？我們

的絕望是否有可能並不是要摧毀我們、而是要喚醒我們的新生命？

是的，醜惡在帶來美好的過程中有其必要。是的，我們都深受痛苦，因而使我們更具有悲憫之心。於是，我們的傷口讓我們更具深度、同理和了解。於是，我們的困苦成為我們與他人相連、成長之處。

這裡有著歡喜泉源，我們都在此守護並加以珍視。我們還是有能力讓我們的生活變成藝術品。我們還是能夠創造興盛、公正、永續的生活之道。即便有些錯覺和破碎的夢想，但我們今日的世界，仍然是一個能讓我們心靈相通且更為精進的處所。

就讓我們來為此奮鬥吧。我們的夢想和祈禱，根植在某些比毀滅的力量更強大的事物當中。我們對於各地暴行的悲痛與憤怒，就是我們覺醒的一部分。世界上發生的神秘軼事，就是我們的療癒部分。

是的，在人類心靈作用的某些力量是毀滅且無意識的，但是在我們的心中，也存在著關懷和奇妙不可思議，沒有局限且神聖不可侵犯。

我們在這裡生活，而不僅僅是存活。我們在這裡，為這個世界充分展現並歡慶我們各自擁有的天賦，同時也感受著他人為我們獻出的天賦。

讓我們擁抱愛與自己生命中無以避免的苦難，擁抱與我們相遇之人所承受的苦。讓我們親近我們心中、這個世界正逐漸死去的悲憫。並且，讓我們迎接各自靈魂中正逐漸升起的新生命。

身體呼吸、心裡有愛的活生生的我們，有著太多太多的一切值得感謝。無論在我們生命的過程中發生了什麼，願我們永不失去心懷感激的能力。

進階閱讀與其他資源

　　無論你的興趣是閱讀工業食品為個人和地球所帶來的高成本，或是想執行以蔬食為主的日常飲食，各項議題你都可以找到許多很棒的書籍和資源。以下列出的，只擷取了其中的一小部分。有些是我個人的偏好，這個列表仍在持續增加中。

書籍

Barnard, Neal, M.D. *Food for Life: How the New Four Food Groups Can Save Your Life*. New York: Three Rivers Press, 1993.

---. *Eat Right, Live Longer: Using the Natural Power of Foods to Age-Proof Your Body*. New York: Three Rivers Press, 1995.

Baur, Gene. *Farm Sanctuary: Changing Hearts and Minds about Animals and Food*. New York: Touchstone, 2008.

Block, Keith I., M.D. *Life Over Cancer: The Block Center Program for Integrative Cancer Treatment*. New York: Bantam Books, 2009.

Brazier, Brendan. *Thrive: The Vegan Nutrition Guide to Optimal Performance in Sports and Life*. Philadelphia, PA: Da Capo Press,

2007.

Campbell, T. Colin, Ph.D. and Thomas M. Campbell II. *The China Study: Startling Implications for Diet, Weight Loss and Long-Term Health.* Dallas, TX: Benbella Books, 2006.

Carr, Kris. *Crazy Sexy Diet: Eat Your Veggies, Ignite Your Spark, and Live Like You Mean It!* Guilford, CT: Globe Pequot Press, 2011.

Davis, Brenda, R.D., and Vesanto Melona, M.S., R.D. *Becoming Vegan: The Complete Guide to Adopting a Plant-Based Diet.* Summertown, TN: Book Publishing Company, 2000.

Eisnitz, Gail. *Slaughterhouse: The Shocking Story of Greed, Neglect, and Inhumane Treatment Inside the U.S. Meat Industry.* Amherst, NY: Prometheus Books, 2007.

Esselstyn, Jr., Caldwell B., M.D. *Prevent and Reverse Heart Disease: The Revolutionary, Scientifically Proven, Nutrition-Based Cure.* New York: Avery, 2007.

Esselstyn, Rip. *The Engine 2 Diet: The Texas Firefighter's 28-Day Save-Your-Life Plan that Lowers Cholesterol and Burns Away the Pounds.* New York: Wellness Central, 2009.

Fitzgerald, Randall. *The Hundred-Year Lie: How to Protect Yourself from the Chemicals That Are Destroying Your Health.* New York: Dutton, 2006.

Foer, Jonathan Safran. *Eating Animals.* New York: Little, Brown and Company, 2009.

Freston. Kathy. *Quantum Wellness: A Practical Guide to Health and Happiness.* New York: Weinstein Books, 2008.

---. *Veganist: Lose Weight, Get Healthy, Change the World.* New York:

約翰・羅彬斯
食物革命最新報告

Weinstein Books, 2011.

Fromartz, Samuel. *Organic, Inc.: Natural Foods and how They Grew.* Orlando, FL: Harcourt, 2006.

Fuhrman, Joel, M.D. *Disease-Proof Your Child: Feeding Kids Right.* New York: St. Martin's Press, 2005.

---. *Eat to Live: The Revolutionary Formula for Fast and Sustained Weight Loss.* New York: Little, Brown and Company, 2003.

Goodall, Jane. *Harvest for Hope: A Guide to Mindful Eating.* New York: Warner Books, 2005.

Halweil, Brian. *Eat Here: Reclaiming Homegrown Pleasures in a Global Supermarket.* New York: W.W. Norton & Company, 2004.

Hever, Julieanna, M.S., R.D., C.P.T. *The Complete Idiot's Guide to Plant-Based Nutrition.* New York: Alpha Books, 2011.

Joy, Melanie. *Why We Love Dogs, Eat Pigs, and Wear Cows: An Introduction to Carnism.* San Francisco: Conari Press, 2010.

Keon, Joseph. *Whitewash: The Disturbing Truth About Cow's Milk and Your Health.* Gabriola Island, BC, Canada: New Society Publishers, 2010.

LaConte, Ellen. *Life Rules: Why So Much Is Going Wrong Everywhere at Once and How Life Teaches Us to Fix It.* Bloomington, IN: iUniverse, 2010.

Lyman, Howard F., and Glen Merzer. *Mad Cowboy: Plain Truth from the Cattle Rancher Who Won't Eat Meat.* New York: Touchstone, 1998.

Lyman, Howard F., Glen Merzer, and Joanna Samorow-Merzer. *No More Bull!: The Mad Cowboy Targets America's Worst Enemy –*

Our Diet. New York: Scribner, 2005.

McDougall, John A., M.D. *The McDougal Program for a Healthy Heart: A Lifesaving Approach to Preventing and Treating Heart Disease.* New York: Plume, 1998.

Midkiff, Ken. *The Meat You Eat: How Corporate Farming Has Endangered America's Food Supply.* New York: St. Martin's Press, 2004.

Moore Lappé, Frances, and Anna Lappé. *Hope's Edge: The Next Diet for a Small Planet.* New York: Jeremy P. Tarcher/Putnam, 2002.

Nestle, Marion. *Food Politics: How the Food Industry Influences Nutrition and Health.* Berkeley, CA: University of California Press, 2002.

Niman, Nicolette Hahn. *Righteous Porkchop: Finding a Life and Good Food Beyond Factory Farms.* New York: Collins, 2009.

Ornish, Dean, M.D. *Dr. Dean Ornish's Program for Reversing Heart Disease: The Only System Scientifically Proven to Reverse Heart Disease Without Drugs or Surgery.* New York: Ivy Books, 1990.

Patrick-Goudreau, Colleen. *Color Me Vegan: Maximize Your Nutrient Intake and Optimize Your Health by Eating Antioxidant-Rich, Fiber-Packed, Color-Intense Meals That Taste Great.* Beverly, MA: Fair Winds Press, 2010.

Pollan, Michael. *The Omnivore's Dilemma: A Natural History of Four Meals.* New York: Penguin, 2007.

Robin, Marie-Monique. *The World According to Monsanto: Pollution, Corruption, and the Control of the World's Food Supply.* New York: The New Press, 2008.

約翰・羅彬斯
食物革命最新報告

Schlosser, Eric. *Fast Food Nation: The Dark Side of the All-American Meal*. New York: Houghton Mifflin Company, 2001.

Servan-Schreiber, David, M.D., Ph.D. *Anticancer, A New Way of Life*. New York: Viking, 2008.

Silverstone, Alicia. *The Kind Diet: A Simple Guide to Feeling Great, Losing Weight, and Saving the Planet*. New York: Rodale, 2009.

Simon, Michele. *Appetite for Profit: How the Food Industry Undermines Our Health and How to Fight Back*. New York: Nation Books, 2006.

Singer, Peter, and Jim Mason. *The Ethics of What We Eat: Why Our Food Choices Matter*. New York: Rodale, 2006.

Smith Jones, Susan. *The Joy Factor: 10 Sacred Practices for Radiant Health*. San Francisco: Conari Press, 2010.

---. *Walking on Air: Your 30-Day Inside and Out Rejuvenation Makeover*. San Francisco, Conari Press, 2011.

Tuttle, Will, Ph.D. *The World Peace Diet: Eating for Spiritual Health and Social Harmony*. New York: Lantern Books, 2005.

紀錄片

30 Days (2005-2008). TV series by Morgan Spurlock originally aired on the FX Network.

A Delicate Balance: The Truth (2008). Written and directed by Aaron Scheibner.

Bad Seed: The Truth about Our Food (2006). Written and directed by Timo Nadudvari. Examines the genetic engineering of food from the real-world perspectives of leading scientists, farmers, food-safety advocates, and the victims of genetically engineered products.

Black Gold: Wake Up and Smell the Coffee (2007). Directed by Marc Francis and Nick Francis. An in-depth look at the world of coffee and global trade.

Change Your Food, Change Your Life (2005). DVD produced by Jill Ovnik, president and founder of Vegan-Gal. com. Grocery shopping ideas, smart restaurant choices, and step-by-step recipes for vegan living.

The Corporation (2003). Directed by Mark Achbar and Jennifer Abbott. A documentary that looks at the concept of the corporation throughout recent history up to its present-day dominance.

Death on a Factory Farm (2009). Directed by Tom Simon and Sarah Teale. Documentary about the harrowing treatment of livestock in the United States. Originally aired on HBO March 16, 2009.

Dirt! The Movie (2009). Directed by Bill Benenson, Gene Rosow, and Eleonore Dailly. Narrated by Jamie Lee Curtis. A look at our relationship with dirt and our intimate bond with dirt and the rest of nature.

Fed Up! Genetic Engineering, Industrial Agriculture and Sustainable Alternatives (2006). Directed by Angelo Sacerdote. Humorous but informative facts about the genetic modification of food from scientists, farmers, outspoken activists, and government officials.

Food Fight (2008). Directed by Christopher Taylor. A fascinating look at 20th-century American Agricultural policy and food culture and the movement against big agribusiness. Featuring Michael Pollan, Alice Waters, and Marion Nestle.

Food Inc. (2009). Directed by Robert Kenner. Written by Robert Kenner, Kim Roberts, and Elise Pearlstein. An unflattering look inside America's corporate-controlled food industry.

Food Matters (2008). James Colquhoun and Laurentine Ten Bosch interview world leaders in nutrition and natural healing about the harm we are doing our bodies with improper nutrition and how diet can be used to treat chronic and fatal illnesses.

Forks Over Knives (2011). Written and directed by Lee Fulkerson. Explores how degenerative diseases can be controlled or even reversed by diet.

Fresh (2009). Written by Ana Sofia Joanes. A discussion featuring Will Allen (MacArthur's 2008 Genius Award), sustainable farmer and entrepreneur Joel Salatin, and supermarket owner David Ball that challenges our Walmart-dominated economy.

The Future of Food (2004). Written and directed by Deborah Koons. In-depth investigation into the disturbing truth behind today's unlabeled, patented, genetically-engineered foods.

The Garden (2008). Written and directed by Scott Hamilton Kennedy. The story of the largest community garden in the United States, now threatened by bulldozers.

Inside Job (2010). Written and directed by Charles Ferguson, narrated by Matt Damon. Takes a closer look at what brought about the financial meltdown.

King Corn (2007).Directed by Aaron Woolf. Feature documentary

that questions the assumptions of modern agribusiness and raises
troubling questions about our food industry and government food
policy.

Meat the Truth (2008). Written and directed by Karen Soeters. An
examination of intensive livestock production that shows it
generates more greenhouse gas emissions worldwide than fossil-
fueled vehicles.

McLibel: The Story of Two People Who Wouldn't Say McSorry (2005).
Produced and directed by Franny Armstrong. The story of two
ordinary people who stood up to the multinational power of
McDonald's in the biggest corporate PR disaster in history.

The Power of Community: How Cuba Survived Peak Oil (2009).
Directed by Faith Morgan. An exploration of Cuba's transition
from oil-dependent farms and plantations and a reliance on fossil-
fuel-based pesticides and fertilizers, to small organic farms and
urban gardens.

Processed People (2009). Directed by Jeff Nelson. Written by Sabrina
Nelson. A factual, hard-hitting commentary on diet and health.

The Real Dirt on Farmer John (2006). Directed by Taggart Siegel.
Epic tale of a maverick Midwestern farmer who transforms his
farm amid a failing economy, vicious rumors, and arson.

The Story of Stuff (2007). Directed by Louis Fox. Animated short that
questions our culture of consumption and opens a serious dialog
about our reliance on "stuff".

Super Size Me (2004). Written and directed by Morgan Spurlock.
A personal exploration of the health consequences of a diet

consisting solely of McDonald's food.

Vanishing of the Bees (2009). Directed by George Langworthy and Maryam Henein. A study of the sudden disappearance of honey bees caused by the poorly understood phenomenon known as Colony Collapse Disorder (CCD).

The Witness (2000). Directed by James LaVeck and Jenny Stein. The story of a man who feared and avoided animals most of his life, until a life-changing experience inspired him to advocate for the rescue of abandoned animals.

The World According to Monsanto (2008). Directed by Marie-Monique Robin. A documentary that traces a wide range of controversies involving the use and promotion of genetically-modified seeds, polychlorinated biphenyls, and bovine growth hormone.

樂活系列

約翰‧羅彬斯食物革命最新報告

2013年3月初版　　　　　　　　　　　　　　定價：新臺幣320元
有著作權‧翻印必究
Printed in Taiwan.

著　　者	John Robbins		
譯　　者	李　明　芝		
校　　訂	張　幸　美		
發 行 人	林　載　爵		

出　版　者	聯 經 出 版 事 業 股 份 有 限 公 司	叢書主編	林　芳　瑜
地　　　址	台 北 市 基 隆 路 一 段 1 8 0 號 4 樓	美術設計	劉　亭　麟
編輯部地址	台 北 市 基 隆 路 一 段 1 8 0 號 4 樓	內文排版	林　淑　慧

叢書主編電話　（ 0 2 ） 8 7 8 7 6 2 4 2 轉 2 2 1
台北聯經書房：台 北 市 新 生 南 路 三 段 9 4 號
電　　　話：（ 0 2 ） 2 3 6 2 0 3 0 8
台 中 分 公 司：台 中 市 健 行 路 3 2 1 號
暨 門 市 電 話：（ 0 4 ） 2 2 3 7 1 2 3 4 e x t . 5
郵 政 劃 撥 帳 戶 第 0 1 0 0 5 5 9 - 3 號
郵 撥 電 話：（ 0 2 ） 2 3 6 2 0 3 0 8
印　刷　者　文 聯 彩 色 製 版 印 刷 有 限 公 司
總　經　銷　聯 合 發 行 股 份 有 限 公 司
發　行　所：台北縣新店市寶橋路235巷6弄6號2樓
電　　　話：（ 0 2 ） 2 9 1 7 8 0 2 2

行政院新聞局出版事業登記證局版臺業字第0130號

本書如有缺頁，破損，倒裝請寄回聯經忠孝門市更換。　ISBN　978-957-08-4145-9 (平裝)
聯經網址：www.linkingbooks.com.tw
電子信箱：linking@udngroup.com

國家圖書館出版品預行編目資料

約翰‧羅彬斯食物革命最新報告/

John Robbins著 . 李明芝譯 . 初版 . 臺北市 . 聯經 .
2013年3月（民102年）. 272面 . 14.8×21公分（樂活）
譯自：No happy cows:dispatches from the frontlines of
the food revolution
ISBN　978-957-08-4145-9（平裝）

1.生態環保　2.健康養生

538.7852　　　　　　　　　　　　　　　102003111